吐谷渾種裔及其成族與初期歷史
（手稿）

潘國鍵著

BA, DipEd, MA, MPhil, MEd, PhD

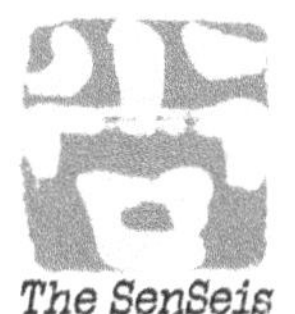

Second Edition
Feb 2019

Published by
The SenSeis 尚尚齋
Toronto
Canada
www.thesenseis.com
publishing@thesenseis.com

ISBN 978-1-989485-00-2

吐谷渾種裔及其成族與初期歷史

目錄

老夫聊發少年狂，右牽黃，左擎蒼，錦帽貂裘，千騎卷平岡。為報傾城隨太守，親射虎，看孫郎。

蘇軾江城子密州出獵

二千二十三年癸卯月初八日沖岳健

序

　　國鍵於一九八三年寫畢《北魏與蠕蠕關係研究》，原意下一步研究的是吐谷渾。可惜種種原因，一耽幾近十年。

　　九零年自加拿大回流香港，重拾舊日所得資料，不無感慨。三兩年間，於假日餘暇，勉力完成《吐谷渾種裔考》及《中國史料所載吐谷渾之成族及其初期歷史（AD 283-430）》兩文。本欲續寫下去，惟思當時治中古草原民族史者稀，拿去發表又或再花工夫，俱無甚意義。兩文手稿與餘下之研究資料，從此封存書箱，不覺竟二十年之久矣。想國鍵身故後，兩文必成垃圾，給扔作堆填無疑。

　　今年初，偶與小兒君尙談及此事。小兒建議，國鍵既有自己網站，何不將之上載，讓人讀得？此議實在太好。況且，所知近年國內對中古史及草原民族研究，頗興熱潮。國鍵吐谷渾兩文，對有志於此之學術界朋友，未必了無幫助。遂依小兒所議焉。

　　垂老之年，目且將盲。吾生之所謂歷史研究，此兩篇實其終結。一頭白髮，往事盡烟。謹書數言，聊以爲序。

二零一二年三月十八日眇人潘國鍵識於多倫多如心齋燈下。

家住蒼煙落照間　絲毫塵事不相關

陸游鷓鴣天之二十三，壬午友月晦人濟南煙雲客

吐谷渾種裔考
（1992年手稿）

（現藏多倫多大學鄭裕彤東亞圖書館）

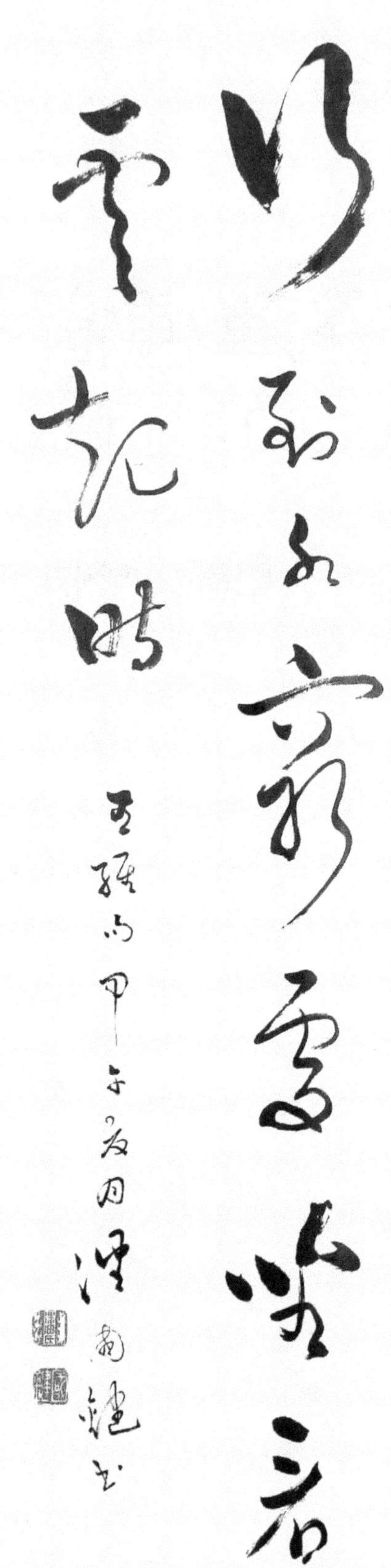

吐谷渾種裔考　　　　潘國鍵

（一）

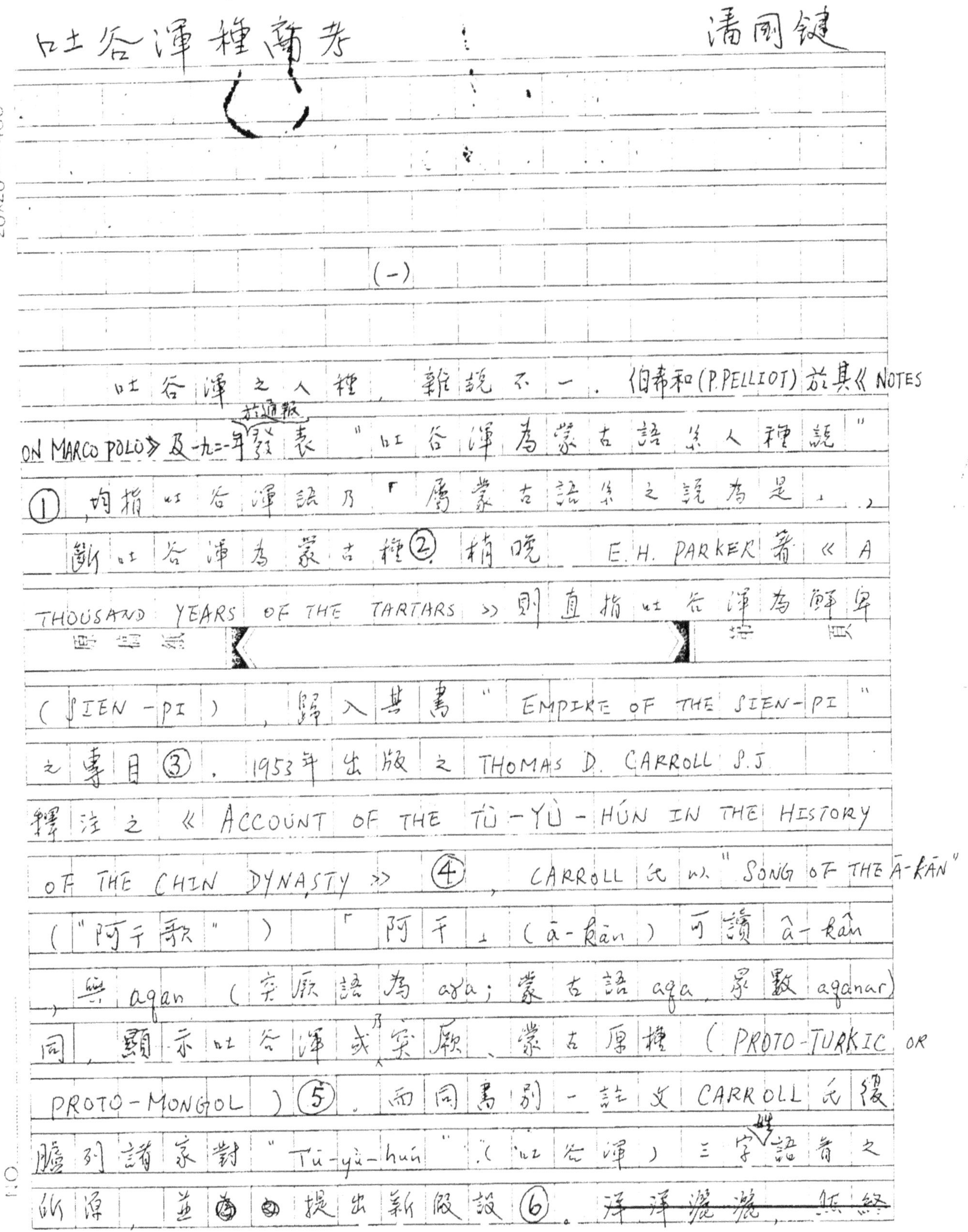

吐谷渾之人種，難說不一。伯希和(P. PELLIOT)於其《NOTES ON MARCO POLO》及一九二一年發表〔通報〕"吐谷渾為蒙古語系人種說" ①，均指吐谷渾語乃「屬蒙古語系之說為是」，斷吐谷渾為蒙古種②。精曉 E. H. PARKER 著《A THOUSAND YEARS OF THE TARTARS》則直指吐谷渾為鮮卑(SIEN-PI)，歸入其為 "EMPIRE OF THE SIEN-PI" 之專目③。1953年出版之 THOMAS D. CARROLL S.J 釋注之《ACCOUNT OF THE TǓ-YǙ-HÚN IN THE HISTORY OF THE CHIN DYNASTY》④，CARROLL 氏以 "SONG OF THE Ā-KÁN"（"阿干歌"）「阿干」(ā-kan) 可讀 â-kân 與 aqan（突厥語為 aɣa；蒙古語 aqa，複數 aqanar）同，顯示吐谷渾或突厥、蒙古原樸（PROTO-TURKIC OR PROTO-MONGOL）⑤。而同為別一註文 CARROLL 氏復臚列諸家對 "Tu-yü-hún"（吐谷渾）三字語音之所源，並⊙提出新假設⑥。洋洋灑灑，然終

不過壽言音之讚牛角夫終不離言音語係之揣

臆。於吐谷渾種屬問題之結論目亦無從服人也。

1970 年 GABRIELLA MOLÈ 之《THE TU-YU-HUN FROM

THE NORTHERN WEI TO THE TIME OF THE FIVE DYNASTIES》，

重提吐谷渾種屬舊題，博採眾說：或謂其關手 A-za

（阿柴，如伯希和）　或謂其關手西藏之

DRU-GU（如 THOMAS CARROLL）　或阿拉伯之 QUN（如

HALOUN, MINORSKI）　或突厥之 AZ（如 PETECH）⑦，為

之眊目。MOLÈ 於其書[註1]詳列"吐谷渾"古音讀法重

建（RECONSTRUCT）的三推方法： *t'uo-kuk-yuən / *t'uo-iwok-yuən /

*t'uo-luk-yuən，而以第二字"谷"音的讀法分歧最

大。"谷"多唸為 ku，而為本漢（KARLGREN）重

建念之為 *kuk。然"谷"本又可唸作 yü，通鑑

胡注謂"吐谷渾"音作"突浴魂"是也。故伯

希和之重建"吐谷渾"讀作 *Tuyuyun 已為學

者普遍接受，且有藏文 To-yo-gon、Tu-lu-hun 為佐

證⑧。至於 L.A.WADDELL 等之以藏文 Drug（Drug-gu,

Dru-gu）與 Tu-ku-hun 語音相同而證吐谷渾之出於

藏族之 DRUG-CUN（THE LITTLE DRU-GU）　CARROLL 復進一

步推斷吐谷渾之古音為 *tuarruk/t'uorruk，而斷其

與藏語 drug-gu/dru-gu 及于闐語 (KHOTANESE) ttûrki/
ttruki 有關, 亦別樹一幟圓 至於 RADLOFF 氏認為
TU-[YÜ-]HUN 與 ORKHON-TURKIST 之轉謂 TUJYUN 有關
, 乃來自突厥語 tuj , 乃「通知、察覽」(
TO NOTICE, PERCEIVE) 之意 , 則吐谷渾又似為突
厥語系人種矣. 而古壯獻則以吐谷渾為 *to-kok-hun
與蒙古語 thoghosun 有關, 意即「塵土地」(DUSTY LAND)
之意圓 於是吐谷渾一時又似是蒙古種, 亦即附
和伯希和之說. 面對眾議紛陳, MOLE 亦苦無計
, 轉而謂吐谷渾本乃鮮卑, 而其族經數百年之

遞遷, 種族成份必亦日殽. 與之有接觸; 西藏
原種及鮮卑、匈奴. 漢族、伊蘭種裔均可滲入
其種族也. 故其族中有中國之張姓 (CHANG),
康國人 (SOGHDIAN) 之康姓 (K'ANG) (亦伊蘭人 IRANIAN)
, 迨北朝之後, 其族亦見有拓拔部 (TO-PA CLAN). 圓
其姓名稱謂有類似匈奴者(如 A-chai 之可能與
三國志魏畧提及之匈奴奴隸曰 [A-] tzu-lu 有關)
至於突厥原種之滲透亦可證諸吐谷渾女性稱
謂 k'o-tsun 之與 TABGAĆ 族 k'o-sun 及突厥語 qatun 相配
合. 若據 PULLEYBLANK 氏, 此更可上溯於匈奴語

之 o-chih，至如吐谷渾其他語詞如莫何（mo-ho）之屬，亦同樣可與蒙古、伊蘭及突厥之形式相關連。⑪ 綜言之，七十年代西方學者對吐谷渾屬何種族之問題未有定論，而迄今猶未睹載全面之解說。

（二）

若僅從部族語言古音追溯，圖以此證其種裔，即以蠕蠕、吐谷渾而言，其結論未必能完全正確。 蓋中古中亞草原民族語言駁雜，蠕蠕語之未必為蒙古語，拙作《比鞨與蠕蠕關係研究》已有辯說。今吐谷渾者亦然。其因厥有數端：

其一，「吐谷渾」其始僅一貴種之名，既非國名，亦非家姓、族姓、國姓。以此圖證彼一族之種裔，即邏輯上言已知其不可。漢種家族（姓氏）制度魏收於《魏書》謂「姓則表其所由生，氏則記族所由出」⑫，故馮承鈞前輩言漢種「以姓氏為表徵，又有地望以繫之，故古之姓氏有語系可考」⑬，是以姓氏追蹤族原，

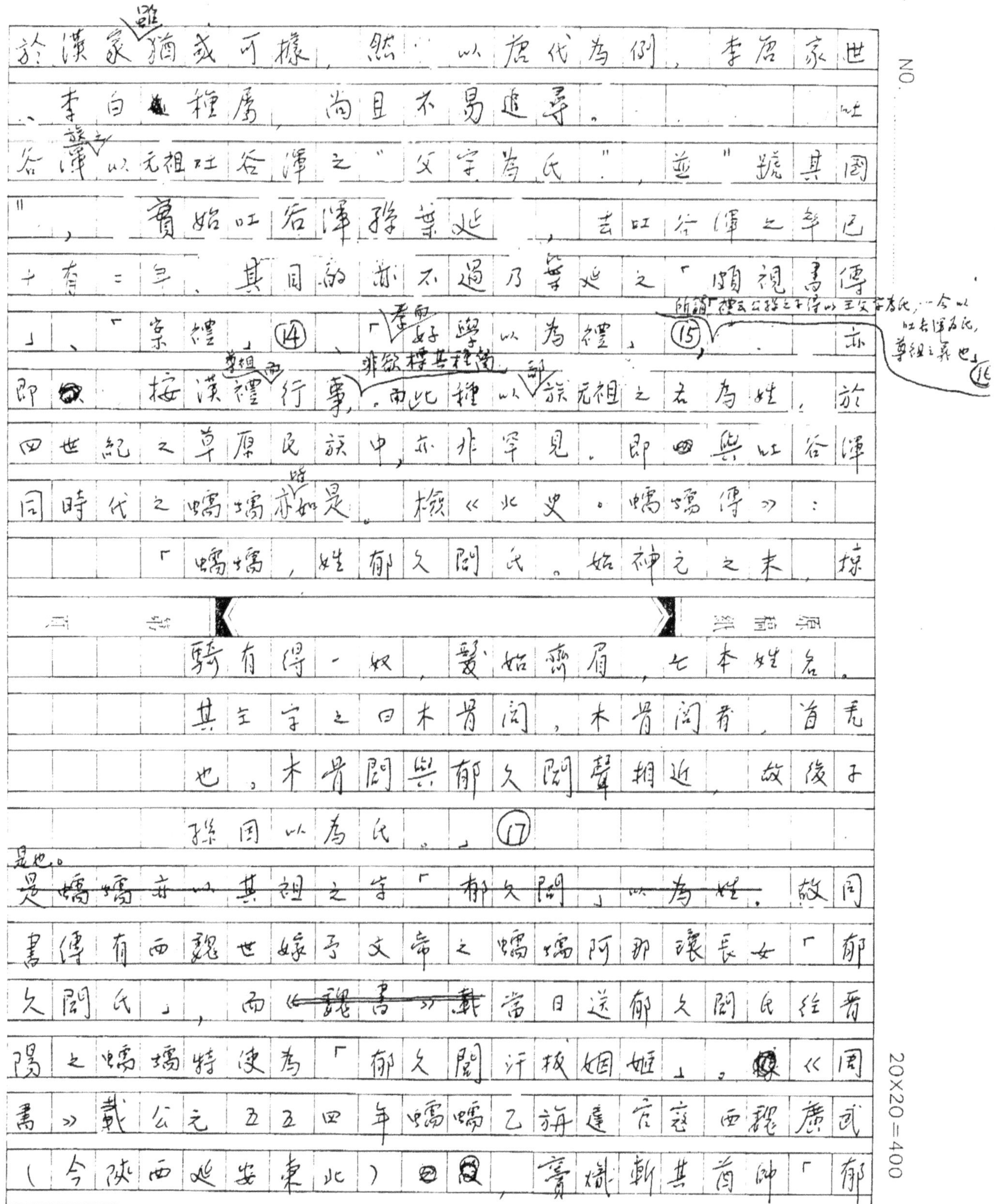

於漢家猶或可據，然以唐代為例，李唐家世
李白之種屬，尚且不易追尋。
谷渾以元祖吐谷渾之「父字為氏」，並「號其國
」，賣姑吐谷渾孫葉延，去吐谷渾之卒已
十有二三，其目的亦不過乃葉延之「顧視書傳
」、「宗禮」⑭、「慕而好學以為禮」⑮，亦
即⊗按漢禮行事，而此種以族元祖之右為姓，於
四世紀之草原民族中，亦非罕見。即⊗與吐谷渾
同時代之嚙嚙亦如是。檢《北史·嚙嚙傳》：

　　「嚙嚙，姓郁久閭氏。始神元之末，掠

　　騎有得一奴，髮始齊眉，亡本姓名。
　　其主字之曰木骨閭，木骨閭者，首禿
　　也，木骨閭與郁久閭聲相近，故後子
　　孫因以為氏。」⑰

是嚙嚙亦以其祖之字「郁久閭」以為姓。故周
書傳有西魏世嫁予文帝之嚙嚙阿那瓌長女「郁
久閭氏」，而《魏書》載當日送郁久閭氏往晉
陽之嚙嚙特使為「郁久閭汗拔姻姬」，⊗《周
書》載公元五三四年嚙嚙乙辨達官寇西魏廣武
（今陝西咸安東北）⊗⊗，賣燉斬其酋帥「郁

右欄註記：所謂「禮云公孫之子得以王父字為氏」，今以吐谷渾為氏，尊祖之義也 ⑯

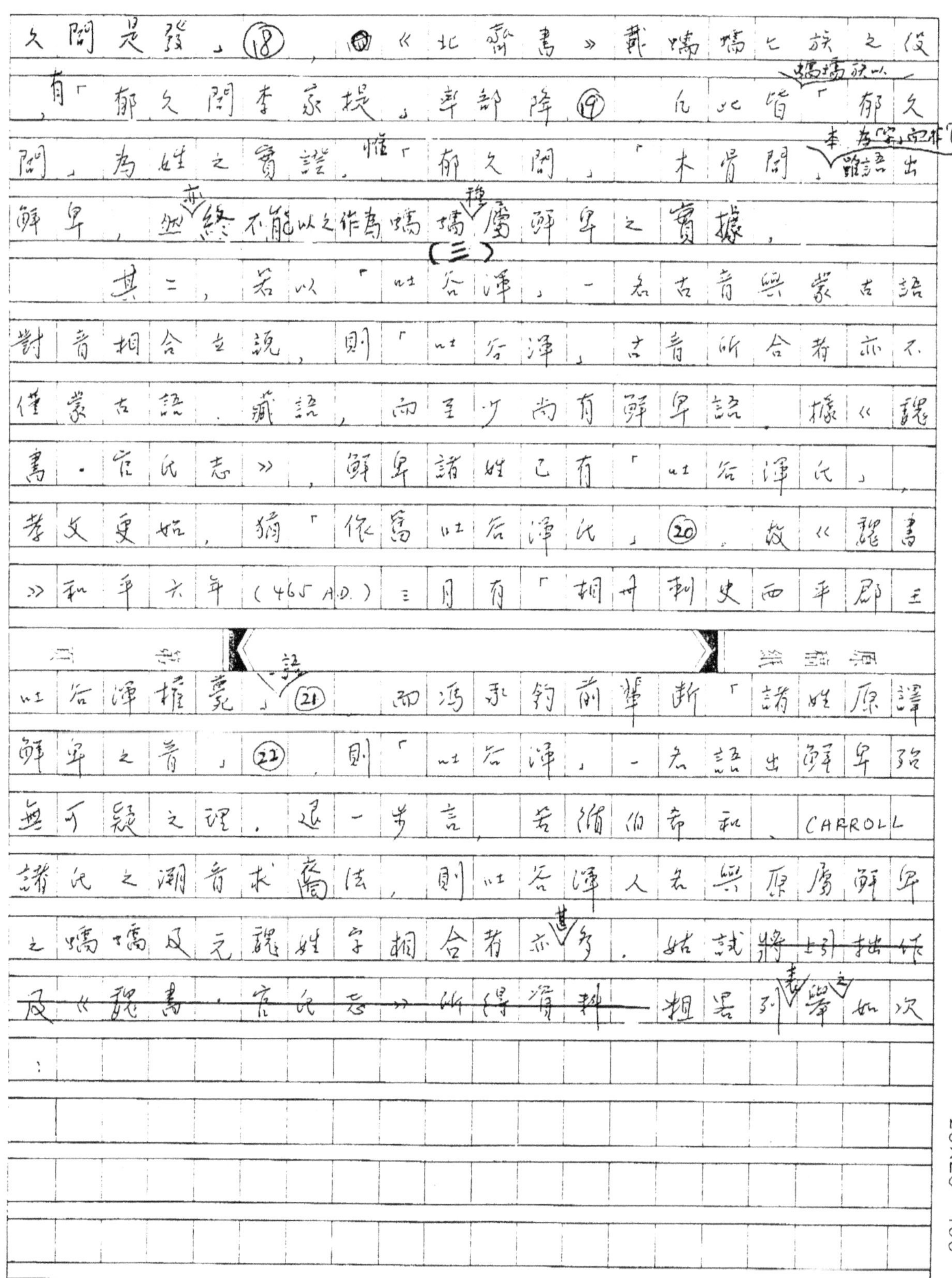

久閭是發」⑱，回《北齊書》載蠕蠕亡族之役，
有「郁久閭李家提」率部降⑲　凡此皆「郁久
閭」為姓之實證。惟「郁久閭」「木骨閭」雖語出
鮮卑，亦終不能以之作為蠕蠕虜鮮卑之實據，

（三）

　　其二，若以「吐谷渾」一名古音與蒙古語
對音相合之說，則「吐谷渾」古音所合者亦不
僅蒙古語、藏語，而至少尚有鮮卑語。據《魏
書‧官氏志》，鮮卑諸姓已有「吐谷渾氏」，
孝文更姓，猶「依為吐谷渾氏」⑳。故《魏書
》和平六年（465 A.D.）三月有「桐丹刺史西平郡王
吐谷渾權萇」㉑　而馮承鈞前輩斷「諸姓原譯
鮮卑之音」㉒　則「吐谷渾」一名語出鮮卑殆
無可疑之理。退一步言，若循伯希和、CARROLL
諸氏之溯音求裔法，則吐谷渾人名與原屬鮮卑
之蠕蠕及元魏姓字相合者亦甚多。姑試將掘佚
及《魏書‧官氏志》所得資料，粗畧列舉如次
：

吐谷渾嚈噠元魏姓字言音畧對表*

吐谷渾	嚈噠	元魏	備註
奕洛韓(游紇)		沙漠汗	
阿博汗	阿大干	阿伏干	「阿伏干」《魏書·氏族》作「阿伏丁」，今從「校勘記」改。
	大檀	大莫干	《廣韻》「韓」字「檀」的上平聲寒韻
	塔干	出大汗	
阿若干		若干	
樹洛干		樹洛干	《魏書·官氏志》「干」作「亍」，今從「校勘記」改。
烏紇堤	溫那沙 英紇陵堤連 [illegible]	紇奚	據《廣韻》「堤、奚」的平聲齊韻
叱力延	敕連	是連	《廣韻》「連、延、綖」的下平聲仙韻
拾寅			
拓跋木彌	◤◢	拓跋	◤◢ 拓跋木彌見《通鑑》(P.4502)
乙郍婁馮		一那婁	《通鑑·胡注》(p.2452)「郍與那同，乙那婁，廢三字也。」
匹婁拔累	匹候跋	匹婁	《北史·吐谷渾傳》作「匹那提」，《新·吐谷渾傳》「校勘記」「乙那拔婁/那婁之誤譯」(頁2374)
阿羅真	无廬真	没路真	
	步鹿真	步鹿根	
乙弗	乙居伐	乙弗	
		羽弗	
	俟匿伐	俟力伐	
賀虜頭		賀樓	《廣韻》「頭、婁、侯、樓」的下平聲侯韻
		莫那婁	
		蓋樓	
		渴侯	

吐谷渾	蠕蠕	元魏	備註
吐谷渾		吐谷渾	
	烏句蘭樹什伐	烏洛蘭	
孝呂		副呂	
		叱呂	
他墨毛	豆崙	丘敦 紇豆陵	《廣韻》「屯」屬「魂」韻上平聲之韻
	醜奴	俟奴	
		叱奴	

（* 本表所列姓氏名字　有關吐谷渾者詳見本文之敘述部份。蠕蠕者見拙著《北魏與蠕蠕關係研究》（台灣商務印書館1988年版）一書，附錄部份，不贅。元魏姓氏則參《魏書·官氏志》。）

據此，足證吐谷渾姓字亦出鮮卑，其不必定出諸蒙古語者[22]昭昭然也。

（四）

其三，斷言吐谷渾為蒙古種者（如伯希和）又嘗以吐谷渾之採用「可汗」名號之說[23]本頗成理。然細察之，則「可汗」之是否出於蒙古，尚存疑問。若就吐谷渾言，其君主始稱「可汗」[趙實]晚至於夸呂即位之年代，《通鑑》誌公元五四〇年吐谷渾伏連籌卒其子夸呂立，「始稱可汗，居伏俟城」[24]是也。夸呂之前（吐渾王）僅嘗自稱「大單于」，此有《通鑑》貳公元四〇五年「乞伏乾歸擊~~谷渾大孩，大破之。大孩走~~吐谷渾視罴世子樹洛干「奔莫何川，自稱車騎大將軍大單于（吐谷渾王）」為證[25]。是則吐谷渾本以原屬匈奴之「大單于」名號自許

其改用「可汗」名號實乃其咸族幾二百三十年後之事，（此《北史·吐谷渾傳》亦有明載[26]）苟欲以「可汗」一名[27]斷其種屬，則五世紀初樹洛干之自號「大單于」，又如何處理？

又伯希和謂西蒙古種稱吐谷渾為 A-za 實出

其四，伯希和援據吐谷渾本前王庶子，謂「當
其與嫡生之弟分異時，其兄令使要之還」，而當
日「使跪請曰戞可寒還」，『戞可寒』猶言爾官
家也」。訓「戞」為「爾」，爾者猶言你
也」。而「戞」字之音，「不屬蒙古語之 c_i
，即屬滿洲文之 s_i。」[27] 且為之結論云：

「官家為當時中國皇帝之稱，既用以釋
可寒之義，則當時吐谷渾已有可寒之
稱號可知。此三世紀時之可寒，即後
日突厥式『可汗（qaghan）』之古稱。」

[28]

伯希和之論斷，甚富想像力。
然考伯希和之所據，實出《宋書》。檢《宋書
》卷九六 "鮮卑吐谷渾傳" 戴云：

「阿柴虜吐谷渾，遼東鮮卑也。父弈洛
韓，有二子，長曰吐谷渾，少曰若洛
廆。若洛廆別為慕容氏。渾庶長，廆
正嫡。父在時，分七百戶與渾，渾與（《晉書》《通鑑》定二千）
廆二部俱牧馬，馬鬭相傷，廆怒，……
（吐谷渾）於是擁馬而行，……廆悔悟

> ，渾自咎責，遣舊父老及長史乙那樓追渾令還。渾曰：『……我是長庶，理無並大，今以馬致別，殆天所啟。諸君試擁馬令東，馬若還東，我當相隨去。』樓喜拜曰：『處可寒。』虜言『處可寒』，宋言爾官家也。』[29]（即素若廆）

此段文字，詳述吐谷渾、若洛廆兄弟如何因馬鬥相傷而反目，吐谷渾怒而領部西走，今問題所在，乃「處可寒」一語〔當作何解〕，沈約之訓「處」為「爾」，當無可疑。惟可惜者，伯希和釋「爾」為「你」，並謂其屬蒙古語、滿州語。遂令《宋書》此段文字全不可解。當日吐谷渾憤而西走〔退〕，其弟若洛廆悔而遣乙那樓追之。吐谷渾遂開列東歸之條件：「諸君試擁馬令東，馬若還東，我當相隨去」。乙那樓以條件不等，故即時「喜而拜」，並曰：「處可寒。」若將〔依伯釋〕「處可寒」解作「你可寒」，~~實莫名其妙之招~~實茫然費解。筆者認為，「處」乃「爾」，而「爾」當作「如此」解[30]，「處可寒」即「如此寒」亦即「如此寒之所言也」，是「處」之不為蒙語

之 ci 滿語之 si 可知矣。[29] 又「可寒」一詞，伯希
和斷之為「可汗」，其論亦欠穩當，若吐谷渾
族於其之祖吐谷渾時（四世紀初）並無「可汗」之號，即
草原民族強盛者如蠕蠕，其採用「可汗」名號
據筆者所究，亦僅姑於社崙（公元四〇二
年社崙自號「豆代可汗」）時，亦即晚至公元五世紀初

此亦見宋代程大昌之《北邊備對》謂「後魏之世蠕蠕社崙始改稱為可汗」云，其說則不確也。[31]

。況吐谷渾當日所率，不過二千七百戶」，國且
未成，何能有「可汗」之號？是知伯希和所論
，未能吻合當時之歷史情勢。//// 余意以為
，「可寒」當為「阿干」之異譯，而《宋書·
吐谷渾傳》兩記乙那樓之呼吐谷渾為「可寒」
，實乃「阿干」之異書，沈約謂「可寒」宋言「官家
」，遂以「可寒」為「可汗」（兩者之轉）。宋世（420AD—
479A.D.）草原民族之「可汗」猶如漢家天子（官
家）確乃事實，即於公元四二〇至四七九期間
，蠕蠕民族已有牟汗紇升蓋可汗（大檀）、敕
連可汗（吳提）、處可汗（吐賀真）、受羅部
真可汗（予成）[32]諸「可汗」之名號，震懾中國
，些沈約所未知者，乃四世紀的中國西北重要
之草原民族如蠕蠕及稍晚之吐谷渾，從可見之

文字史料〔中〕顯示〔的〕，未嘗有自號「可汗」者也。況

吐谷渾西走之時，率部不多　，其元族之

掌權者猶為其婿茅若洛鹿，聽從若洛鹿差遣之

乙那樓尊呼吐谷渾為「可汗」，確不可思議。持此二

因，足見沈約「官家」一說之為誤。是故《北史

》、《南史》、《南齊書》、《梁書》、《魏

書》、《周書》之本傳均不錄〔及《通鑑》〕「……宋言爾官家」一句

〔此中〕不無道理也。伯希和不察，誤信之耳。筆

者疑「可寒」實即「阿干」，〔此〕不單可在聲韻中之

說，而對於《宋書》之上文不理，尤能貫兩通

之。蓋「寒」、「干」、「汗」三字，均上平

聲寒韻。據唐韻，「干」讀「古寒切」，汗又音

「寒」是也〔33〕。且《宋書》上引文「可寒」若不

作「阿干」，則全文難以通解。惟有如是，此後

「處可寒」始可解作「如阿干」（即如阿干之

言也）。而《宋書》《北史》「吐谷渾傳」之載乙

那樓奉命說吐谷渾東歸失敗後跪曰：「可寒〔《北史》作「可汗」〕

此非復人事！」〔34〕之「可寒」、「可汗」方有所

指。而其與吐谷渾西走後史稱「若洛鹿追思吐谷

渾，作阿干歌，徒何以兄為阿干也」〔35〕之「阿

干」一脈相承也。若慕容廆之作「阿干歌」，「阿干」必指吐谷渾無疑，是則此「阿干」除具有「從阿以兄為阿干」之義外〔對吐谷渾言〕，想必另具專稱之義也。余疑「阿干」當日實吐谷渾之別名，即如其父涉歸之「一名弈洛韓」㊱也。考四、五世紀之草原民族〔酋長〕，嘗寓有「可大干」，有可汗曰「他〔「他」「阿」以下半葉歌韻㊲〕汗」；元魏鮮卑姓字有「阿伏干」、「沙漠汗」、「出大干」；而吐谷渾本身亦有「可博汗」、「阿若干」㊳，凡此與「阿干」、「可干」、「可寒」、「可汗」之語音均相崇接近，緣此

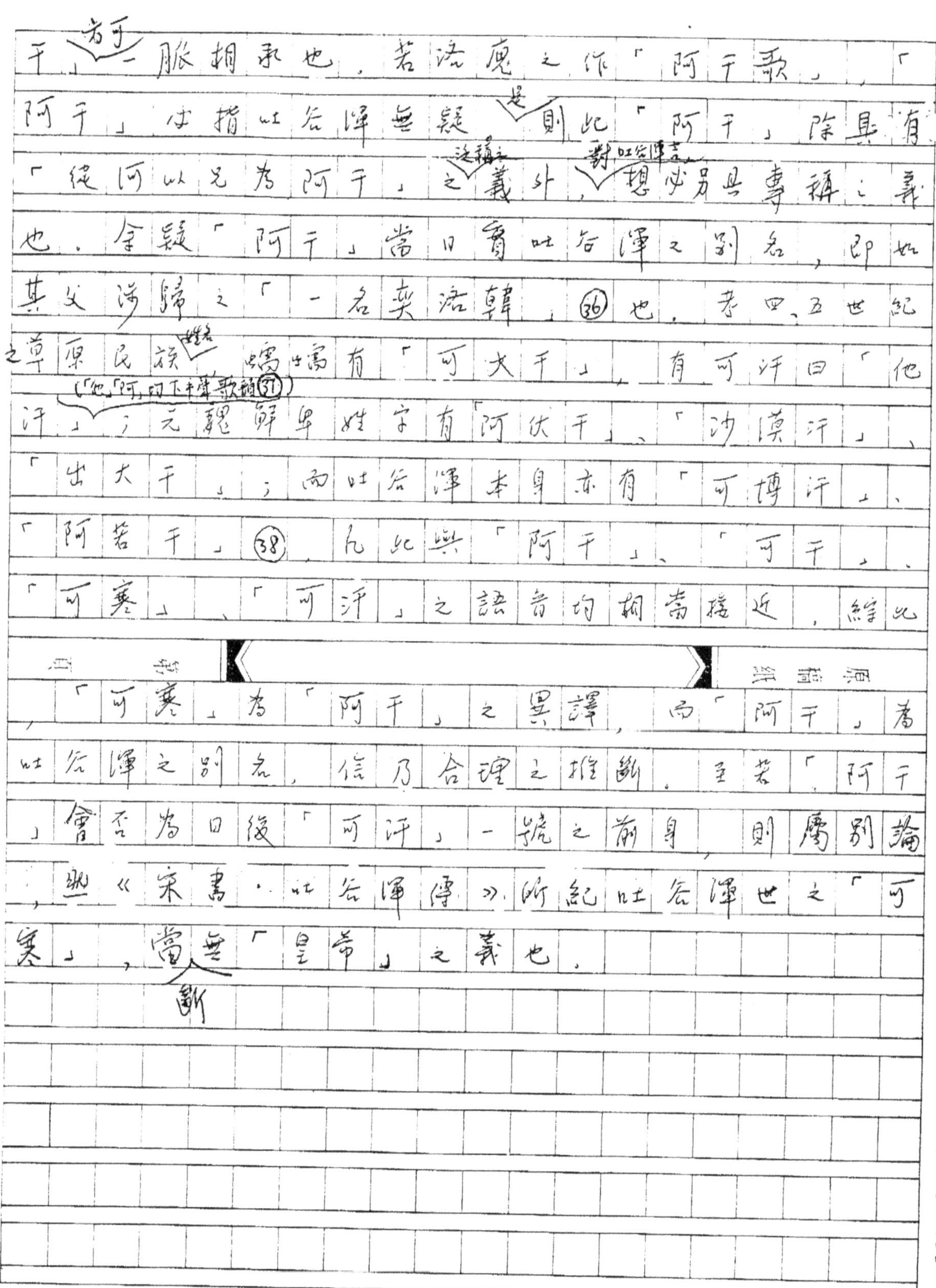

，「可寒」為「阿干」之異譯，而「阿干」為吐谷渾之別名，信乃合理之推斷。至若「阿干」會否為日後「可汗」一號之前身，則屬別論，然《宋書·吐谷渾傳》所紀吐谷渾世之「可寒」，當無「皇帝」之義也。

其五,伯希和謂西藏人之稱吐谷渾為 A-za,實出
宋書云「阿柴虜吐谷渾,遼東鮮卑也」,及「西
諸雜種謂之阿柴虜」,而「西藏人後襲用其名
稱,始有 A-za 之對音也」(39)。伯希和以 A-za 乃
「阿柴虜」之「阿柴」之對音,其說甚是。然
伯希和進一步論「阿柴」之出處,謂「阿柴」
與《魏略·西戎傳》所誌之「賀虜」云「賀虜
本匈奴也,匈奴名奴婢為賀」,不無關係,遂結
論云「安知西藏之『阿柴(A-za)』非《魏略》『阿
賀』之異譯」(40)。筆者則殊未敢苟同也。以「阿柴
虜」為「阿賀虜」,非伯希和之創見,而實出唐
杜佑之《通典》。《通典》卷一九〇「邊防六·西
戎二」之述「吐谷渾」云:

　　「其西北諸雜種謂之阿賀虜」(41)
睹其句式,此語實抄《宋書》「西北諸雜種謂
之為阿柴虜」(42)。杜佑何以將《宋書》之「阿柴」
作「阿賀」,筆者推究,此實緣蕭子顯之誤舉
也。蕭子顯於《南齊書·河南傳》云:

　　「河南,匈奴種也。漢建武中,匈奴奴
　　婢亡匿在涼州界雜種數千人,虜名奴
　　婢為賀,一謂之『賀虜』。鮮卑慕容

慕廆兄吐谷渾為氏主。任延州西北，
亘數千里，其南界龍涸城，去成都千
餘里。」㊸

蕭子顯既云河南（吐谷渾）為匈奴種於前，而
後誌吐谷渾為鮮卑於後，已甚矛盾。句傳文「
漢建武中」至「一謂之『賢虜』」一段，與《
三國志》之《魏畧‧西戎傳》所述「賢虜」事
文字幾完全相同。考《魏畧‧西戎傳》記此事
云：

「又故武都地陰平衝左右亦有萬餘落賢
虜，本匈奴也。匈奴名奴婢為賢。始建武時，匈奴衰，分去。其奴
婢亡匿在金城、武威、酒泉、北黑水、西河東西，畜牧逐水草抄
暴涼州郡。部落稍多，有數萬，不與東部鮮卑同也。其種非一，
有大胡，有丁令，或頥有羌雜處。由本匈奴婢故也
。」㊹

《魏畧‧西戎傳》乃裴松之注《三國志》之引
文，《四庫全書總目提要》稱其「凡六朝舊籍
今所不傳者，尚一一見其屋略」㊺，《魏畧‧
西戎傳》即其一例。《三國志》裴注引《魏畧》在前
，而蕭子顯行文相若於後，則蕭氏謂吐谷渾為

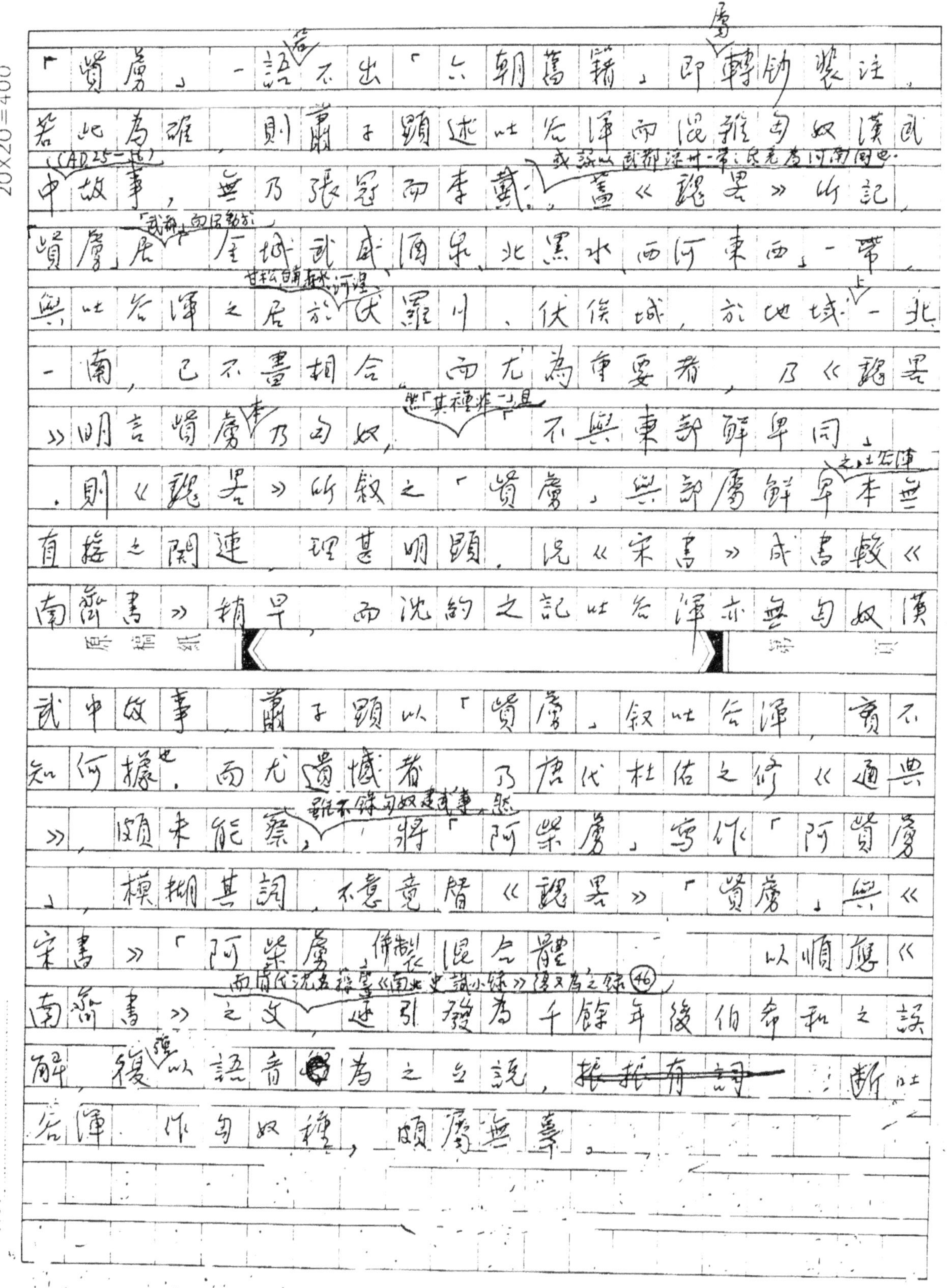

「賨虜」一語不出「六朝舊籍」，即轉鈔裴注

若此為雄，則蕭子顯述吐谷渾而混雜匈奴漢魏

中故事，無乃張冠而李戴。書《魏畧》所記

賨虜居金城武威酒泉北黑水西河東西一帶

與吐谷渾之居於氐罪川、伏俟城，於地域一北

一南，已不盡相合，而尤為重要者，乃《魏畧

》明言賨虜乃匈奴，不與東部鮮卑同，

則《魏畧》所載之「賨虜」與部虜鮮卑本無

直接之關連，理甚明顯。況《宋書》成書較《

南齊書》稍早，而沈約之記吐谷渾亦無匈奴漢

武中故事，蕭子顯以「賨虜」叙吐谷渾，竟不

知何據。而尤遺憾者，乃唐代杜佑之修《通典

》，頗未能察，將「阿柴虜」寫作「阿賨虜

」，模糊其詞，不意竟暗《魏畧》「賨虜」與《

宋書》「阿柴虜」併製混合體，以順應《

南齊書》之文，遂引發為千餘年後伯希和之誤

解，復以語音為之立說，斷吐

谷渾作匈奴種，頗虜無辜。

筆者認為，《宋書·吐谷渾傳》之稱吐谷渾為「阿柴虜」，事固公元四一七年嗣位之吐谷渾明君「阿豺」之「兼并氐羌，號為強國」，始獻使詣宋朝貢[47]，交延中國，並受中國官爵。

據《北史·吐谷渾傳》：

> 「樹洛干孔，弟阿豺兼并氐羌，[自號驃騎將軍沙州刺史……阿豺]，地方數千里，號為強國，……遣使通宋，獻其方物，宋少帝封為澆河公。未及拜受，宋文帝元嘉三年又加除命，又將遣使朝貢。」[48]

是南朝宋初即公元五世紀的阿豺之咨并屈於宋西北之氐羌，[於年代上]正合《宋書》謂「西北諸雜種謂之為阿柴虜」[49]。蓋「西北諸雜種」當指氐羌及[《通鑑》所謂「其俗小種」[50]]。而「柴」「豺」兩字於當日聲韻俱合，並為上平聲，皆顏[佳韻][51]。[《晉書·氐氏偽譬傳》及]故《通鑑》之誌阿豺事，阿豺俱作「阿柴」[52]。若再據當日阿豺與宋少帝、文帝之往還，則就史實、就史料、就音韻而言，阿豺即「阿柴」乃不爭之史實，[伯希和][蕭王顗，唐人杜……]不應將「阿柴」妄[壞讀世]上阿賢虜」。殊謬無謂也。

（六）

　　若再退一步言，吐谷渾果真蒙古語、(A-2a)
果真匈奴語，此猶未足證吐谷渾為蒙古為匈奴
也。蓋吐谷渾民族之來源，與拓跋鮮卑甚相類
同，均來目於昔日受匈奴控制之「鮮卑山」。
據《晉書》記吐谷渾兄慕容廆語為云：

　　　「慕容廆，……世居北夷，邑于紫蒙之野
　　　，號曰東胡，其後與匈奴並盛，控弦之
　　　士二十餘萬，風俗官號與匈奴畧同。秦

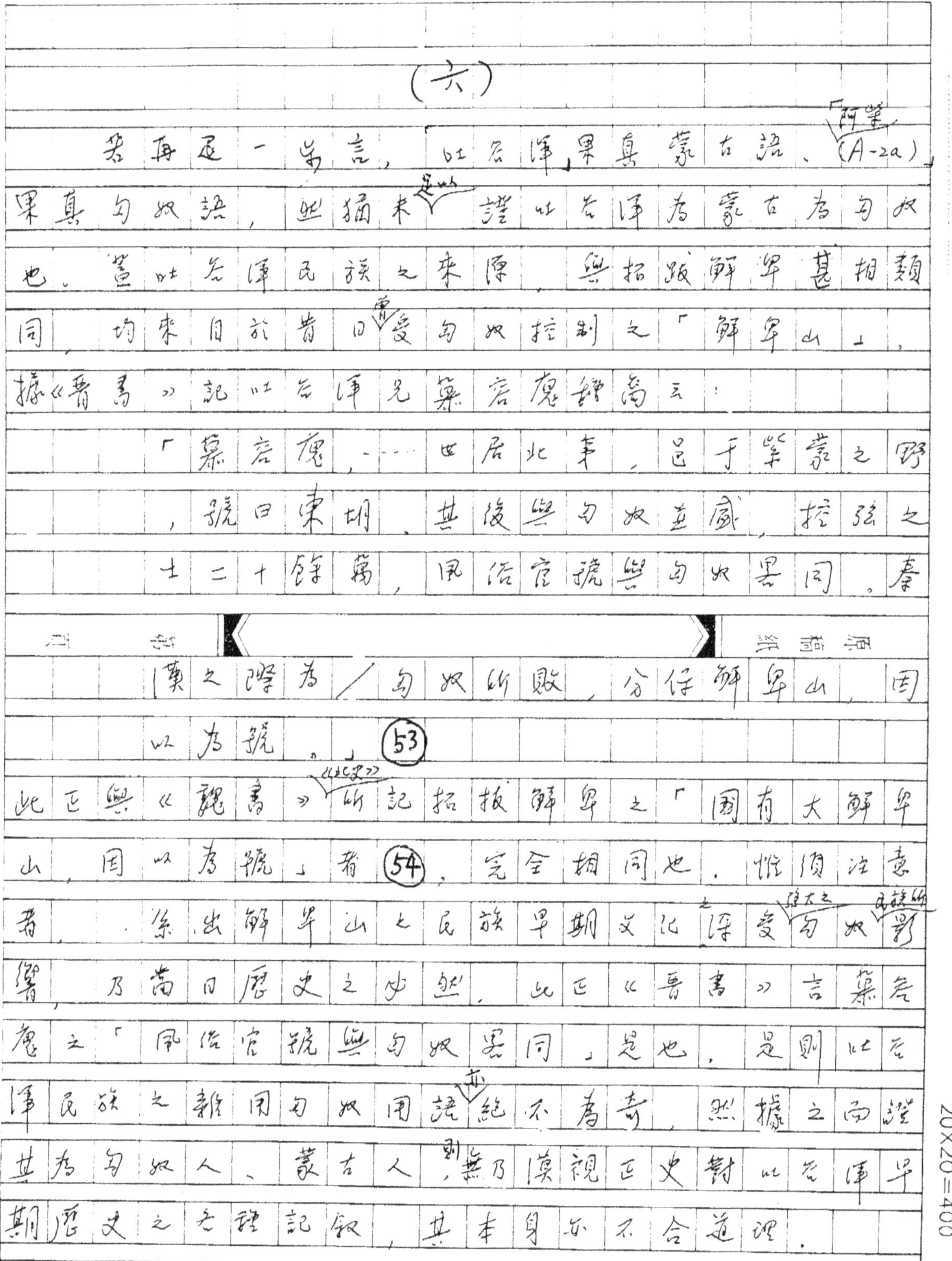

　　　漢之際為／匈奴所敗，分保鮮卑山，因
　　　以為號。」⑬

此正與《魏書》所記拓跋鮮卑之「國有大鮮卑
山，因以為號」者⑭，完全相同也。惟須注意
者，係出鮮卑山之民族早期文化深受匈奴強大之民族所影
響，乃為目歷史之必然。此正《晉書》言慕容
廆之「風俗官號與匈奴畧同」是也。是則吐谷
渾民族之輒用匈奴用說絕不為奇。然據之而證
其為匈奴人、蒙古人，則無乃漠視正史對吐谷渾早
期歷史之老確記敘，其本身亦不合道理。

（七）

　　然則吐谷渾皆屬何種裔歟？筆者認為，若無更新更多之證據發現前，吐谷渾仍屬鮮卑東胡種也。此些南北朝史家，基本上並無異說。《魏書‧吐谷渾傳》：

「吐谷渾，本遼東鮮卑徒河涉歸子也。」⑤⑤

《宋書‧鮮卑吐谷渾傳》：

「阿柴虜吐谷渾，遼東鮮卑也。」56

《南齊書‧河南傳》：

「鮮卑慕容廆庶兄吐谷渾為氐王。」57

《梁書‧河南傳》：

「河南王者，其先出自鮮卑慕容氏。」58

《周書‧吐谷渾傳》：

「吐谷渾，本遼東鮮卑慕容廆之庶兄也。」59

《北史‧吐谷渾傳》：

「吐谷渾，本遼東鮮卑徒河涉歸子也。」60

《南史·河南傳》：

　　「河南王者，其先出自鮮卑慕容氏。」
　　　　⑥₁

《隋書·吐谷渾傳》：

　　「吐谷渾，本遼西鮮卑徒何涉歸子也。
　　」㉒

《舊唐書·吐谷渾傳》：

　　「吐谷渾，其先居於徒河之青山。」㉓

《通鑑》：

　　「吐谷渾者，慕容廆之庶兄也，又涉歸

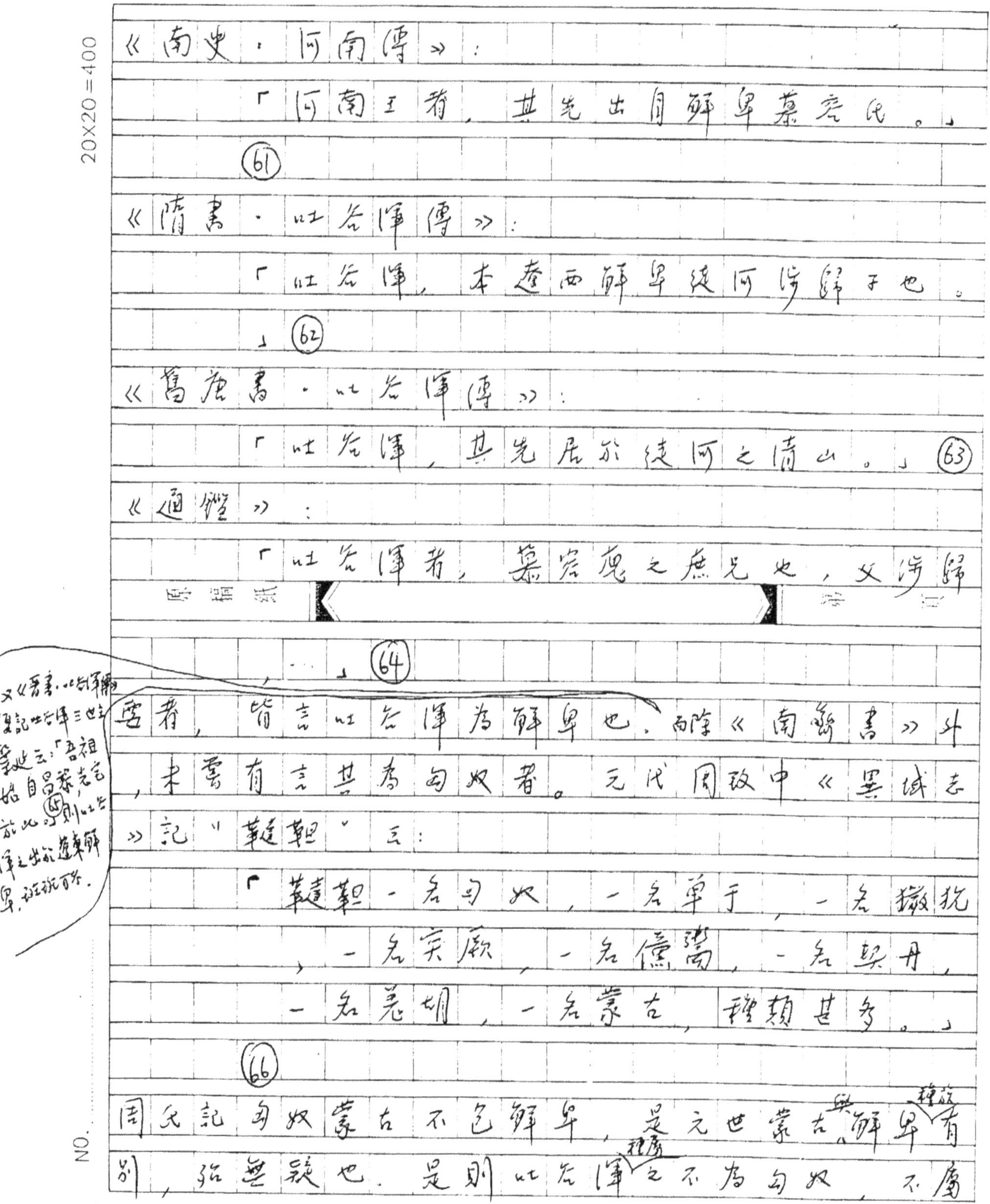

　　」㉔

云者，皆言吐谷渾為鮮卑也。而除《南齊書》外，未嘗有言其為匈奴者。元代周致中《異域志》記「韃靼」云：

　　「韃靼一名匈奴，一名單于，一名獫狁，一名實廆，一名儷蠕，一名契丹，一名羌胡，一名蒙古，種類甚多。」
　　㉖

周氏記匈奴蒙古不包鮮卑，是元世蒙古與鮮卑有別，殆無疑也。是則吐谷渾之不為匈奴，不屬

又《晉書·吐谷渾載記》記吐谷渾三世孫葉延云：「吾祖始自昌黎光宅於此。」㉕則吐谷渾之出於遼東鮮卑，班班可紀。

蒙古，古典已有明載，安能以一字半詞之言音
已測度，遽可翩案？

　　至若吐谷渾之語言文化，則筆者亦信其不必
紀出鮮卑。然其大體，則猶以鮮卑為主也。此觀
世揚衒之《洛陽伽藍記》戴宋雲〔神龜元年（A.D.518）〕使西域記吐谷渾云：
　　「其國有文字，況同魏。」㊿（67）
此正進一步證明此朝時吐谷渾、文字乃鮮卑也
，非蒙古也。至於其生活服式，據《梁書》〔《南史》〕"河
南傳"戴：
　　「其地有麥無黍……有屋宇，雜以百子

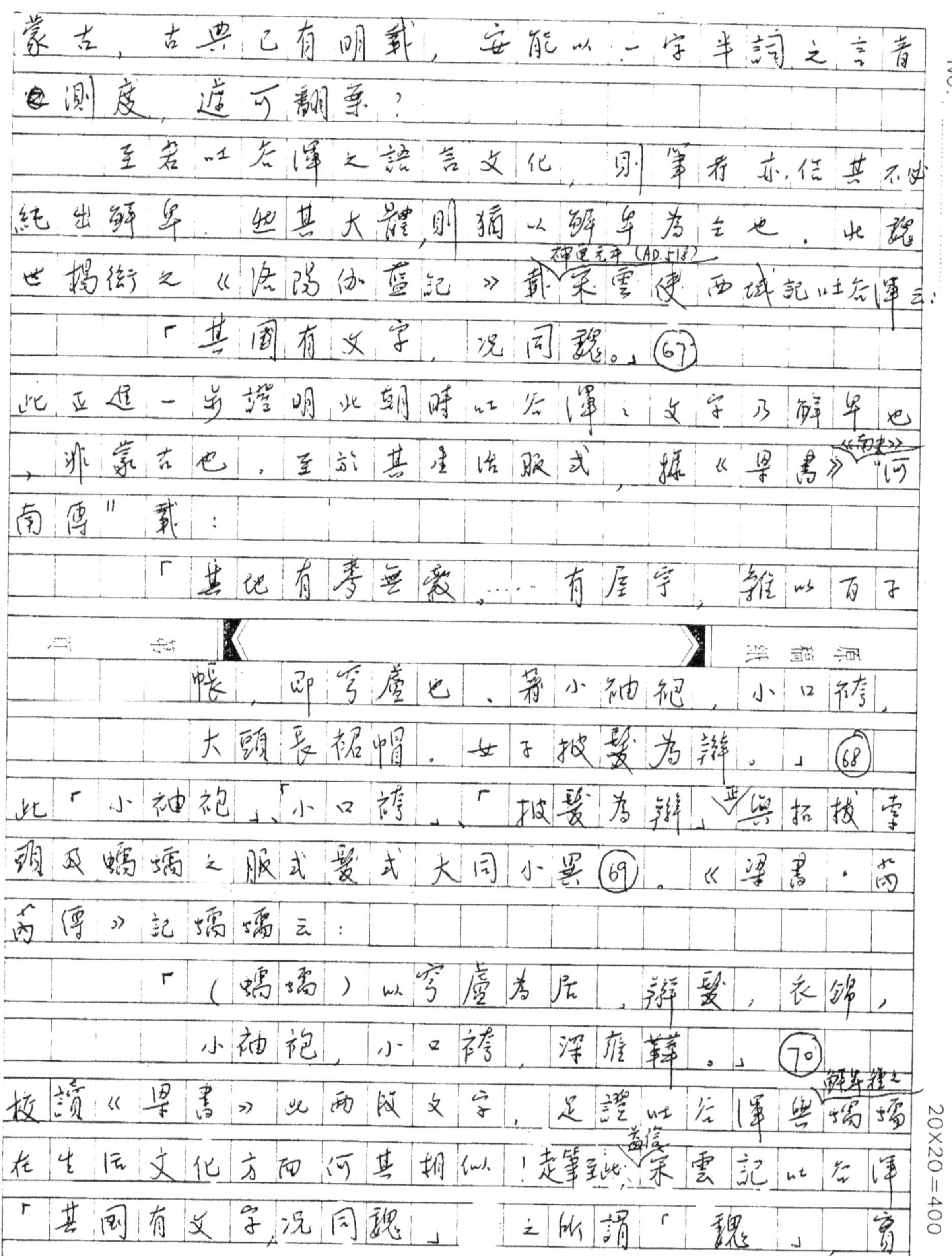

　　帳，即穹廬也、著小袖袍，小口袴，
　　大頭長裙帽。女子披髮為辮。」（68）
此「小袖袍」「小口袴」「披髮為辮」與拓拔燾
羽及蠕蠕之服式髮式大同小異（69）。《梁書·蠕
蠕傳》記蠕蠕云：
　　「（蠕蠕）以穹廬為居，辮髮，衣錦，
　　小袖袍，小口袴，深雍靴。」（70）
校讀《梁書》此兩段文字，足證吐谷渾與〔鮮卑種之〕蠕蠕
在生活文化方面何其相似！走筆至此，宋雲記吐谷渾
「其國有文字況同魏」之所謂「魏」，實

指鮮卑也。

　　惟雖如是，吐谷渾之文化其實當甚複雜。除鮮卑姓之外，觀吐谷渾族民族複成族之歷史及其早期流動之範圍，其所接觸及吸納之不同文化，當甚廣泛。而吐谷渾亦頗類中國邊陲胡種，多少經歷某種程度之漢化歷程。前論四世紀初葉吐谷渾之依漢體以「吐谷渾」為姓，已啟漢化先兆。其後至五世紀初阿豺世之「始受中國官爵」，迄五世紀中拾寅之「乃用書契，起城池，築宮殿，其小王並立宅，國中有佛法」[72]，其抄襲配合中國文化，至甚明顯。而《魏書》記公元五三○年左右陽夏太守傅標使吐谷渾，「見其國主牀頭有書數卷，乃是（淫）子昇文也」[75]。足見當時在位之吐谷渾主伏連等亦習漢文也。復據《南史》，公元五四○年：

　　「五月乙卯，河南王遣使朝，獻馬及方物，求釋迦像并經論十四條，敕付像并制旨涅槃般若　金光明講疏一百三卷。」[76]

此正吐谷渾奉佛之證明。MOLÉ 氏謂中國典籍並

四世紀末視照世　史謂「猶樸，知古今，司馬博士咨用儒生」[71]

公元五一四年宋雲使西域謂吐谷渾「風俗政治，多為書法」[73]，此「書法」當指南朝中國也（蓋當日南指北為索虜，北書指南為島夷[74]）

無提供有關吐谷渾原始宗教信仰（PRIMITIVE RELIGION
之資料，遂假定中華原民族其初奉沙門教（SHAMANISM），其後
因佛敎之迅速擴展而從中國及塔里木盆地之綠
洲城鎮輸入佛敎（BUDDHISM）[77]，《梁書》及《
南史》之所記，正好補 MOLE 氏之所未知也。
　　吐谷渾當日文通南北朝，李延壽
猶稱其「摸掌于闐，時通江左」[78]。然治
動固不限於官方，亦見於民間。《南史》載吐
谷渾「其俗與益州鄰，常通商賈」[79]，《梁書
》又記吐谷渾：

　　「其俗與益州鄰，常通商賈，民慕其利
　，多往從之，敎其書記，為之辭譯，
　　稍桀黠矣。」[80]
是知吐谷渾在此種種官私活動中濡習中國文敎
，當無疑問也。
　　其對吐谷渾文化有影響者，亦不限中華。而
至少尚有蠕蠕、嚈噠、氐羌諸國。蠕蠕嚈噠吐
谷渾之「特有相接」[81]，賴此交通，拙作《北
魏與蠕蠕關係研究》一書已有淺析[82]。今不贅
述。至於吐谷渾與氐羌尤其宕昌關係則更為密切

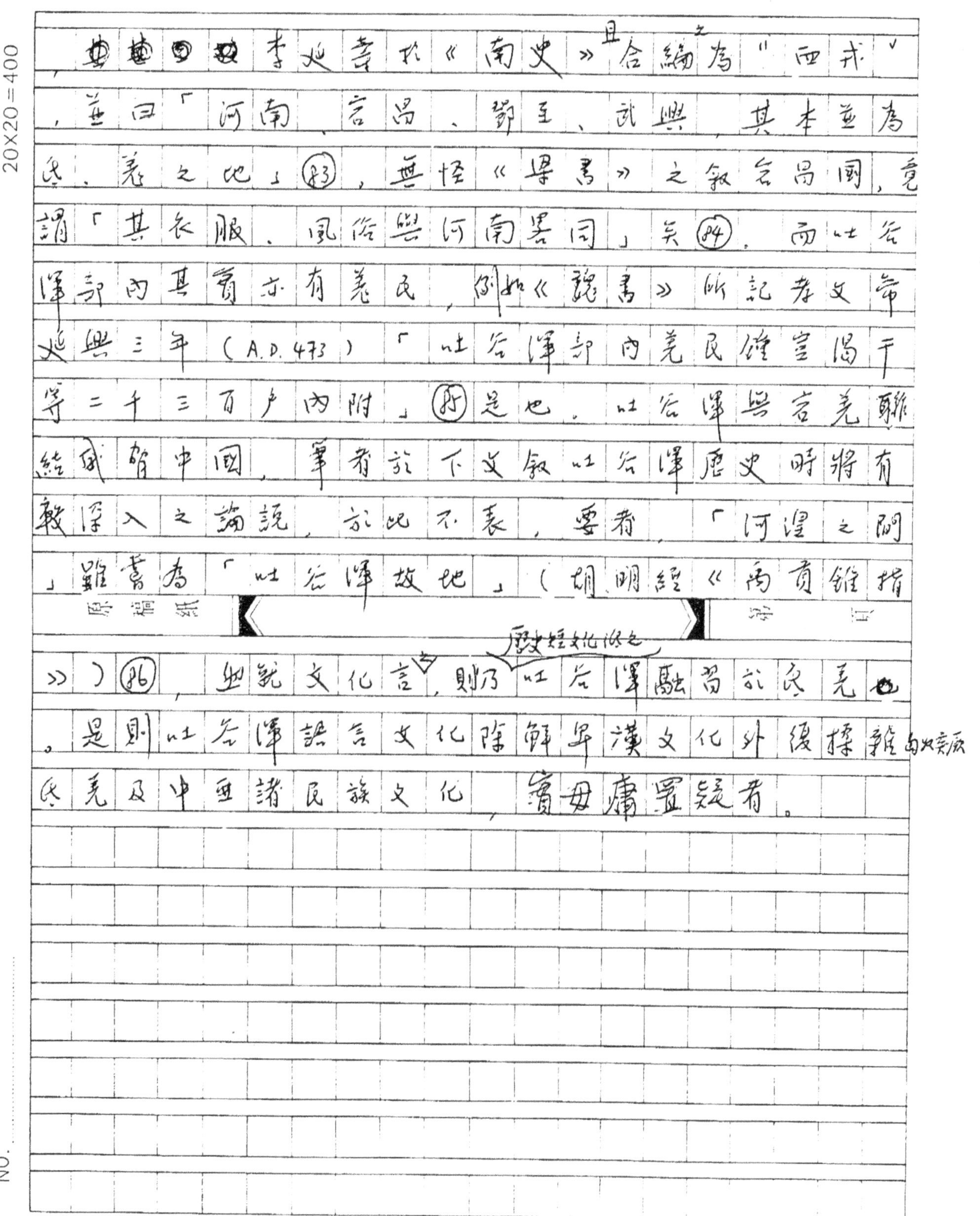

李延壽於《南史》且合編為"西戎"，並曰「河南、宕昌、鄧至、武興，其本並為羌、羗之地」[83]，無怪《梁書》之敘宕昌國，竟謂「其衣服、風俗與河南畧同」矣[84]。而吐谷渾部內其實亦有羌民，例如《魏書》所記孝文帝延興三年（A.D.473）「吐谷渾部內羌民鍾豈昌于等二千三百戶內附」[85]是也。吐谷渾與宕羌雕結威脅中國，筆者於下文敘吐谷渾歷史時將有較深入之論說，於此不表，要者，「河湟之間」雖書為「吐谷渾故地」（胡明經《禹貢錐指》）[86]，如就文化言〔歷受文化洗浸之〕，則乃吐谷渾駁習於民羌也，是則吐谷渾語言文化除解乎漢文化外，復摻雜民羌及中亞諸民族文化，寶毋庸置疑者。

（八）

總而言之，吐谷渾語姓多出鮮卑，不必盡乃蒙古。故以吐谷渾語姓證其種屬，未必可靠，況語譯之間，不無舛譯，此即玄奘《大唐西域記》慨嘆之「遍譯音訛，方言語譯，音訛則義失，語譯則理乖」[87]者也。~~故借籍史典片言隻語之言音研究而為史事下定論，其詭族性之為，可想而知~~況吐谷渾語言文化成份頗甚混雜，既為鮮卑而兼包漢與胡羌，要替其語言定性，本甚困難。且吐谷渾鼎盛時業雄霸中亞，即《隋書·裴矩傳》所載「突厥、吐谷渾分領羌胡之國」[88]是也。而昔日中亞民族之語言，據 PENTTI AALTO 於其 "ON THE MONGOL TRANSLATIONS OF BUDDHIST TEXTS" 一文所述，在阿育王（ASOKA，筆者按，即 ASHOKA，在位年代為公元前273至232年）時，中亞西部為伊蘭語系民族如粟特人（SOGDIANS）與塞種人（SAKAS）所居，處其鄰者則為居於 KUCHA 及 AGRI 之印度歐羅巴民族（INDO-EUROPEAN PEOPLE）即今學者所稱之吐火羅人（TOKHARIANS）。佛教乃由粟特人傳於突厥

種之突厥人及維吾爾人（UIGURS）者。而伊闌人與吐火羅人（統十世紀前）

（TOKHARIANS）其後亦均逐突厥化。此當粟特及印度

僧侶之譯佛教經典為維吾爾文時，仍書保留其粟

特之詞彙（SOGDIAN TERMINOLOGY）。其後維吾爾人

於蒙古人中從事佛教僧侶之差穖活動。從蒙古

之譯 PAÑCARAKṢĀ 為 TABUN SAKIYAN 足證佛教典籍之

最早蒙古繙譯其發音常近似維吾爾語 [89]。若

AALTO 之論為實 則吐谷渾語之有否滲入粟特語
（又或馮承鈞所言之月支語、于闐語 [90]）

，尚未可知也。而蒙古語之本原問題，今學術

界尚未有定論 [91]，考 AALTO 氏等論号文 "SANSKRIT

AND MONGOL LANGUAGE AND LITERATURE" 且言蒙古語

原與突厥語（TURKIC）及東胡語（TUNGUS LANGUAGES）

有關連，而某些詞字頗與阿爾泰（ALTAIC）語条

之 ARYAN（INDO-IRANIAN）詞字 [92]。是則蒙古語之成

分亦甚複雜，其含有東胡語之成份毫不足奇。

以之證吐谷渾為蒙古，實僅能視作旁證，而

不可奉之為玉律焉。

一九九二年五月初稿，十二月竹喬記畢功。

註釋

① 伯希和，"吐谷渾為蒙古語系人種說"．黃馮承鈞編譯，《史地叢考》．台灣商務印書館 1969年版．又 PELLIOT, P., 《NOTES ON MARCO POLO》 II. PARIS: IMPRIMERIE NATIONALE, 1963. 'TU-YU-HUN, 'A NATION OF ALTAIC STOCK, PROBABLY MONGOLIAN.' P. 687

② 伯希和，上引，馮譯《史地叢考》頁 79．

③ PARKER，上引，頁 107 — 111．

④ CARROLL S.J., THOMAS D., 《 ACCOUNT OF THE TU-YU-HUN IN THE HISTORY OF THE CHIN DYNASTY " (DYNASTIC HISTORIES TRANSLATION NO. 4 , INSTITUTE OF EAST ASIATIC STUDIES.) BERKELEY & LOS ANGELES : UNIVERSITY OF CALIFORNIA PRESS , 1953 .

⑤ CARROLL，上引，頁 20，NOTES NO. 15．

⑥ CARROLL，上引，頁 17 - 18，NOTES NO. 6．

⑦ MOLÈ, GABRIELLA , 《 THE TU-YU-HUN FROM THE NORTHERN WEI TO THE TIME OF THE FIVE DYNASTIES 》 . ROMA : ISTITUTO ITALIANO PER IL MEDIO ED ESTREMO ORIENTE 1970 . P. XXVI

⑧ MOLE，前引，頁 66，註 1，

⑨ MOLE，前引，頁 67，註 1，

⑩ MOLE，前引，頁 67，註 1。

⑪ MOLE，前引，頁 XXVII.

⑫ 魏收，《魏書》卷 113，北京中華書局 1974 年 版，頁 3005.

⑬ 馮承鈞，"唐代華化蕃胡考"，見《西域南海史地考證論著彙輯》，香港中華書局 1976 年版，頁 135.

⑭ 魏《北史》，卷 96，台灣中華書局 1978 年二版，頁 5 下.

⑮ 《資治通鑑》，卷 94，頁 2973.

28 馮承鈞，"唐代華化蕃胡考"，上引，頁 136、137.

29 《魏書》，卷 5，北京中華書局 1974 年版，頁 122.

⑯ 《晉書》卷 97 "吐谷渾傳"，頁 2537.

⑰ 李延壽，《北史》，台灣中華書局，1978 年版，卷 98，頁 9 下.

⑱ 令狐德棻，《周書》，台灣中華書局，1970 年，卷 30，頁 2 上.

⑲ 李百藥，《北齊書》，北京中華書局 1972

年版，卷 4, 頁 60.

(20) 《魏書》，前引，卷 113, "官氏志"，
頁 3008.

(21) 《魏書》，前引，卷 5, 頁 122.

(22) 馮承鈞，"唐代華化考" 載《西域南海史地考證論著彙輯》上引，頁
136.

(23) 伯希和，"吐谷渾為蒙古語系人種說"，
載《史地叢考》，見前，頁 79. 又 MOLE 前
引書，頁 XXVII，亦有有關「可汗」(k'o-han)
之論說

(24) 司馬光，《資治通鑑》，台北世界書局 1970
年版，卷 158, 頁 4907, 梁武帝大同六年條.

(25) 《資治通鑑》，前引，卷 114, 頁 3580, 晉安
帝義熙元年條.

(26) 《北史》，卷 98, "吐谷渾傳"，頁 9上。

㉗ 伯希和，"吐谷渾為蒙古語系人種說"，
戴《史地叢考》，前引，頁79.

㉘ 伯希和，"吐谷渾為蒙古語系人種說"，
戴《史地叢考》，前引，頁79.

㉙ 沈約，《宋書》，前引，卷96，"吐谷渾
傳"，頁2369.

㉚ 據舒新城等，《辭海》，中華書局1947年
版，頁464，"爾"「猶如此也」，據引禮
記"「有命命焉爾也」，"經傳釋詞"云
：「焉，猶乃也，爾，如此也。」

㉛ 潘國鍵，《北魏與蠕蠕關係研究》，前引
，頁65。(宋)程大昌，《北邊備對》景明刊本《古今逸史》，出版年地缺，"屬無說"頁3.

㉜ 潘國鍵，《北魏與蠕蠕關係研究》，前引
頁242-243，"蠕蠕與名簡表"

㉝ 陳彭年等，《校正宋本廣韻》，台灣藝文
印書館，1986年版，頁120

㉞ 《北史》，前引，卷96，"吐谷渾傳"
頁5上；《宋書》，前引，卷96，"吐谷
渾傳》，頁2370

㉟ 《宋書》，前引，卷96，"吐谷渾"，頁2370
《北史·吐谷渾傳》同.

㊱　《北史》，前引，卷96，"吐谷渾傳"，頁上上．

㊲　陳伯年等，《校正宋本廣韻》，前引「但」，頁160，「同頁」161

㊳　並見本文 "吐谷渾嬌嬌之鮮卑字語音異對表"．

㊴　伯希和， "吐谷渾為蒙古語系人種說"，載《史地叢考》，見前，頁77-78．

㊵　伯希和， "吐谷渾為蒙古語系人種說"，載《史地叢考》，見前，頁78．

㊶　~~陳壽，《三國志》，台灣中華書局1968年版~~
杜佑《通典》，台灣新興書局1966年版，

㊷　《宋書》，前引，卷96，頁2370．

㊸　《南齊書》，見前，卷59， "河南"，頁1024-1026．

㊹　陳壽《三國志》，台灣中華書局1968年版，卷30，魚豢， "魏略"，頁23下，

㊺　(清)永瑢等，《四庫全書總目提要》，王雲五編，台灣商務印書館1971年版，冊二，頁
史部正文類一， "三國志"，頁18．

(46) 沈名蓀、朱昆田，《南北史識小錄》，張應昌補正，同治辛未，武林朱氏清末堂校刊，卷13，"秦豳傳"，頁18下。

(47) 杜佑，《通典》，見前，卷190，"邊防六·西戎二"，"吐谷渾"頁。

(48) 《北史》，前引，卷96，頁6上。

(49) 沈約，《宋書》，北京中華書局1974年版，卷96，頁2370。

(50) 《資治通鑑》，前引，卷118，晉安帝義熙十三年，頁3700。

(51) 陳伯年等，《校正宋本廣韻》，前引，「紫」上平佳韻，頁93；「射」上平咍韻，頁95.

《晉書》卷125 "乞伏熾磐傳"，木益千「叱盧(城洛干)來阿柴亦拜川，頁3126。

(52) 《資治通鑑》，前引，卷118，晉安帝義熙十三年，頁3700；又卷119，宋武帝永初二年，頁3740；又卷119，頁3763；又卷120，頁3773。「阿柴」均作「阿紫」。

(55) 《魏書》，前引，卷101，頁2233.

(56) 《宋書》，前引，卷96，頁2369.

(57) 《南齊書》，前引，卷59，頁1024.

(53) 《晉書》卷108，"慕容廆傳"，頁2803.

(54) 見《魏書》卷1，"序紀"，頁1. 《北史》卷1，"魏紀"，頁一上。

(58) 姚思廉,《梁書》, 北京中華書局 1973 年版, 卷54, 頁 810.

(59) 令狐德棻,《周書》, 台灣中華書局 1971 年據武英殿本校刊版, 卷50, 頁 4 上.

(60) 李延壽,《北史》, 台灣中華書局 1971 年據武英殿本校刊版, 卷96, 頁 上 上.

(61) 李延壽,《南史》, 北京中華書局 1975 年版, 卷79, 頁 1977.

(62) 魏徵,《隋書》, 藝文印書館據清乾隆武英殿刊本景印, 出版年比缺, 卷83, 頁 919.

(63) 劉昫,《舊唐書》, 台灣中華書局 1971 年據武英殿本校刊版, 卷198, 頁 上 下.

(64) 司馬光,《資治通鑑》, 台灣世界書局 1970 年版, 卷90, 晉元帝建武元年 (A.D.317) 十二月條, 頁 2852.

(65) 《晉書》卷97 "吐谷渾傳", 頁 2539. 又《宋書》卷96 "吐谷渾傳", 記葉延「白其曾祖奕洛韓 始封昌黎公」, 頁 2371.

(66) 周致中,《異域志》, 見明刊本《事門廣牘》冊五, 出版年比缺, 卷上, 頁 12 上.

(67) 楊衒之,《洛陽伽藍記》, 周祖謨校譯, 香港中華書局 1976 年版, 卷5, 頁 184. 周氏注云

，「此句疑为衣冠同魏之誤」，未知何樣

68. 《梁書》，前引，卷54，頁810。《南史》前引，卷79，頁1978.方.

69. 拓拔、嬌嬌服式爱式，参拙著《北魏與嬌嬌関係研究》，前引，頁28.

70. 《梁書》，前引，卷54，頁817。並見《南史》，卷79，《嬌嬌傳》，頁1987.
　　　　　　　　《洛陽伽藍記》，前引，卷5

71. 《通典》前引，卷190，"吐谷渾"，頁

72. 《梁書》，前引，卷54，頁810，並見《南史》

三

史》，卷79，"河南傳"，頁1978.

73. 楊衒之，《洛陽伽藍記》，前引，卷5，頁184.

74. 沈各群等《向北史诚小译》，前引，卷13."劉傳"，頁325.

75. 《魏書》，前引，卷85，"温子昇傳"，頁1876.

76. 《南史》，前引，卷7，"梁本紀"，大同六年，頁215.

77. MOLÉ，前引，頁XXIX.

78. 《南史》，前引，卷79，"夷貊下"，李延壽西戎傳序"，頁1977.

79. 《南史》，前引，卷79，"河南傳"，頁1978.

(80) 《梁書》，卷54，"河南傳"，頁810-1.

<del>(80*) 《南齊書》，卷59，"芮芮傳"，頁1023.</del>

(81) 《通典》，卷197，"高車" 如宣武帝敕彌 (AD 510-5N) 俟突詔，頁1067.

(82) 潘國鍵，《北魏與蠕蠕關係研究》，頁6，又頁46，註三六.

(83) 《南史》，卷79，頁1977.

(84) 《梁書》，卷54，"宕昌國傳"，頁815.

(85) 《魏書》，卷7上（"高祖紀"），頁140.

(86) 胡明優，《禹貢錐指》，輯於《皇清經解》，學海堂本，出版年比缺，卷37，頁3.

(87) 釋玄奘，《大唐西域記》，台灣廣文書局1969年版，卷1，頁3下.

(88) 魏徵，《隋書》，卷67，"裴矩傳"，頁10.

(89) AALTO, PENTTI, "ON THE MONGOL TRANSLATIONS OF BUDDHIST TEXTS", 載 RATNAM, PERALA 輯，《 STUDIES IN INDO-ASIAN ART AND CULTURE" 卷1 INTERNATIONAL ACADEMY OF INDIA CULTURE, 1972, 頁21 - 23.

(90) 馮承鈞，"中亞新發現的古種語語和文曰安…造五处…阅像"，戴其《西域南海史地考證論著彙輯》所引，頁159.

(91) 參潘同鍵，《北魏與蠕蠕閥係研究》，頁62，註（二四八），3；潘明琤《三十年来中國蒙古史研究概況》蒙古族未原有東胡．匃奴．突厥、丁零諸說，未有定論.

(92) AALTO, PENTTI, " SANSKRIT AND MONGOL LANGUAGE AND LITERATURE ", 戴 RATNAM, PERALH 輯，《 STUDIES IN INDO-ASIAN ART AND CULTURE 》， INTERNATIONAL ACADEMY OF INDIA CULTURE, 1973. 頁1.

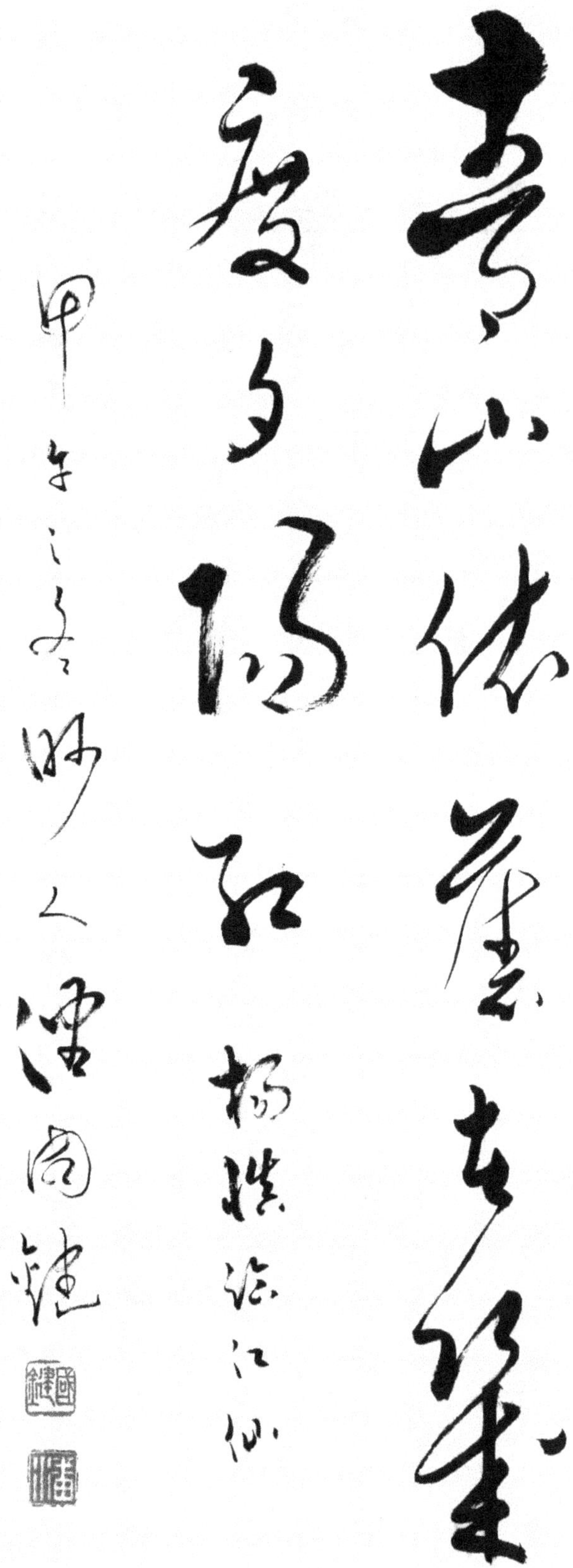

中國史料所載
吐谷渾之成族及其初期歷史
（AD 283-430）

（1993年手稿）

(現藏多倫多大學鄭裕彤東亞圖書館)

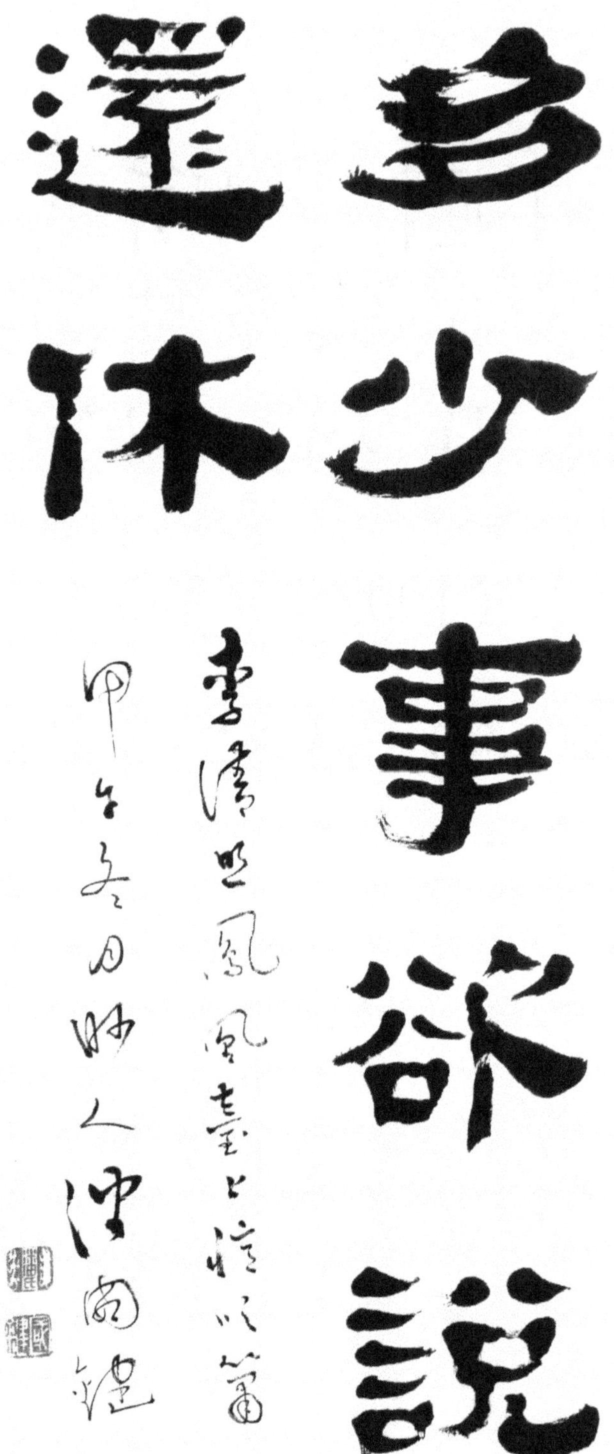

中國史料所載
吐谷渾之成族及其初期歷史 (AD 283-430)　　　潘同鍵

(一) 吐谷渾與慕容廆

公元四世紀初吐谷渾成族之歷史與鮮卑慕容廆關係密切。今先言慕容廆。

三世紀末期,鮮卑徒河涉歸及其子慕容廆,據《晉書》所記,〔在軍事上〕相當活躍。晉武帝太康三年 (AD 282) 安北將軍嚴詢敗慕容廆於昌黎,殺傷數萬人①。翌年,涉歸卒,其弟刪簒立,「將殺涉歸子廆,廆亡匿於遼東徐郁家」(《通鑑·胡注》:「載記曰:廆,字奕洛瓌。杜佑曰:本名若洛廆。」)② 太康六年 (AD 285) 慕容州為部下所殺,部眾遂迎立慕容廆,因涉歸與宇文部廆有隙 (胡注:「宇文部亦鮮卑種,…其俗謂天子曰『宇文』,故國號宇文,併以為民。」) 廆請討之,晉廷不許。慕容廆怒「入寇遼西,殺畧甚眾」,晉武帝遣幽州軍討之,敗之於肥如 (胡注:「肥如縣屬遼西郡。」)。「自是每歲犯邊」,此外廆又東擊扶餘,毁其國城,驅萬餘人而歸」③。凡此並見《通鑑》、《晉書》,兩並言慕容廆據屬鮮卑,而其活動範圍則原在於遼東一帶,亦即諸鮮卑部族原居處。武帝太康十年 (AD 289) 東部鮮卑段國等

五月,廆遣師攻④同年

于階以女妻廆。生皝、仁、昭後，（廆）以遼東避遠
遂「從居徒河之青山」（《通鑑·胡注》：「
杜佑曰：徒河青山，在營州郡城東百九十里。
」）⑤。惠帝元康四年（AD 294）廆後又自徒河之青
山「徙居大棘城」（《通鑑·胡注》：「杜佑曰
：棘城…，在營州郡城東南一百七十里。」）
⑥．此慕容廆移徙之來龍去脈也。

蓋慕容廆與宇文部之宿怨，尚未了結。晉惠
帝太安元年（AD 302）宇文單于莫圭遣其弟屈雲
攻廆，廆擊其別帥素怒延，破之。素怒延後
發兵十萬圍廆於棘城，廆出擊破之，「追奔百
里，俘斬萬計」⑦．胡三省謂「史言慕容廆善
用人」⑧．則慕容廆勢力之張大，並非無因。
即晉懷帝永嘉元年（AD 307），廆更因乘晉亂，
自稱鮮卑大單于」⑨．永嘉亂後，廆後乘「中原
兵亂，卅師屢敗，~~遂棄荒散，莫之救恤~~」⑩之機遇
，吞併鮮卑素連、木津二部。當廆少子慕
容翰明言其父．并吞二部乃「經可以得志於諸侯」
⑪．《通鑑》載廆「政事修明，愛重人物，故
士民多歸之，廆舉其英俊，隨才授任」，已顯示

裴嶷所謂「慕容公修行仁義，有霸王之志」

⑫，而當日慕容廆之招賢納士，班班可考⑬。晉

宣帝次，公元三一七年司馬睿即位建業。同月

即拜「解軍大都督慕容廆，都督遼左雜夷流人

諸軍事、龍驤將軍、大單于、昌黎公」⑭，已

證廆之努力已有相當成績。而是年亦為吐谷渾元祖吐谷渾

氏之卒年，吐谷渾族故事於是展開。筆者於此

誌慕容廆事者，乃欲證：

　　(1)吐谷渾本出鮮卑，蓋其兄慕容廆為鮮

　　　　卑也；

　　(2)吐谷渾與慕容廆之快裂，與慕容廆之治

　　　　國能力與用人器量，絕無關連。

吐谷渾乃鮮卑種，批判文有較原人之析論，今

不贅。惟吐谷渾與慕容廆之反目，史言乃因「

二部馬鬥」，而廆遣使責讓於吐谷渾，筆者疑

此責讓因耳，非主因也。蓋馬鬥相鬥，本屬小

事，而以廆器量，未必深究。即有微言，亦隨

即悔之，遣乙那婁馮追謝。是則吐谷渾之西走

，殊非出於二部馬鬥之一時之忿，要者恐乃與

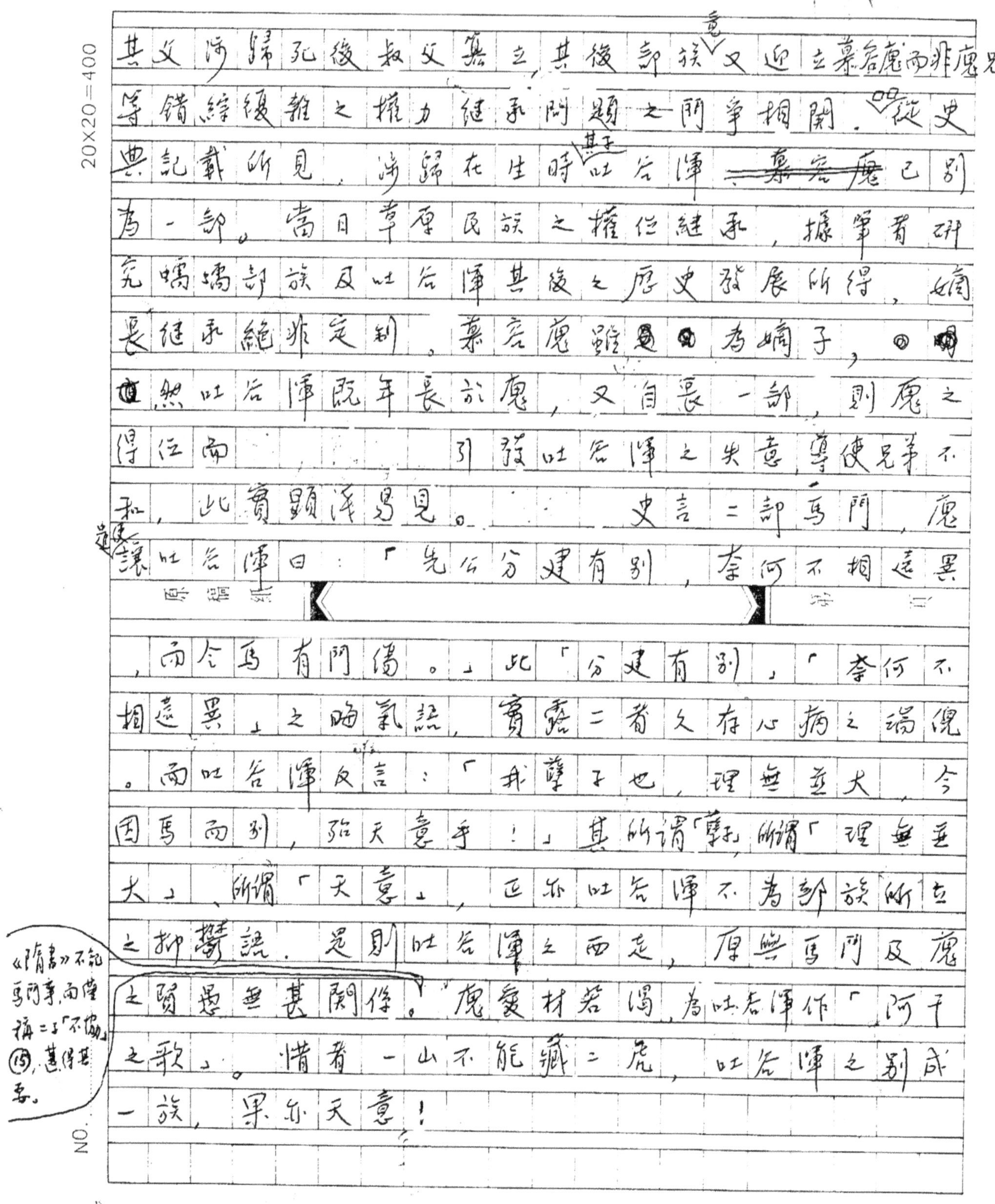

其父涉歸死後，叔父第之，其後部族又迎立慕容廆而非廆兄
等錯綜複雜之權力繼承問題之爭相開。從史
典記載所見，涉歸在生時吐谷渾慕容廆已別
為一部。當日草原民族之權位繼承，據筆者研
究嫡庶部族及吐谷渾其後之歷史發展所得，嫡
長繼承絕非定則，慕容廆雖為嫡子，
且熱吐谷渾既年長於廆，又自裏一部，則廆之
得立而　　　　　　引發吐谷渾之失意等使兄弟不
和，此實顯浮易見。　　史言二部馬鬥，廆
讓吐谷渾曰：「先公分建有別，奈何不相遠棄
，而令馬有鬥傷。」此「分建有別」，「奈何不
相遠異」之晦氣話，實露二者久存心病之端倪
。而吐谷渾反言：「我輩子也，理無並大，今
因馬而別，殆天意乎！」其所謂，所謂「理無並
大」，所謂「天意」，正怀吐谷渾不為部族所立
之抑鬱語。是則吐谷渾之西走，原與馬鬥及廆
之賢愚無甚關係。廆發材若寫，為吐谷渾作「阿干
之歌」。惜者一山不能藏二虎，吐谷渾之別成
一族，果尔天意！

（二）吐谷渾之成族與西徙（AD283-317）

　　吐谷渾生年，諸傳未載，惟據《宋書·吐谷渾傳》所記，「（吐谷）渾年七十二死」[16]。若此為準，則依《通鑑》誌吐谷渾卒於晉元帝建武元年即公元三一七年上推[17]，吐谷渾或生於曹魏郡陵屬公正始六年即公元二四五年。

　　公元二八三年其父涉歸死時，吐谷渾已分領族中一部，《晉書·吐谷渾傳》：「其父涉歸分部落一千七百家以隸之」[18]是也。公元二八五年其族迎立其弟慕容廆後，吐谷渾以身為長兄而未得主，忿而領所部西徙。據《宋書》所記，渾先「西附陰山」。其後「遭晉亂（按：即永嘉之亂也），遂得上隴」[19]。吐谷渾居陰山之際，即公元三一一年永嘉之亂前，寂寂無聞，殊不若其弟之叱咤風雲也。永嘉亂後，吐谷渾之度隴而西，想亦因烽火頻仍，無力自得之故。

　　吐谷渾記公元三一一年後度隴山而西，迄公元四五二年拾寅之「始居伏羅川」[20]，其間之居處

諸說不一。前據《晉書·吐谷渾傳》記吐谷渾
西走時：

　　「於是乃西附陰山。屬永嘉之亂，始度
　　隴而西，其後子孫據有西零已西甘松
　　之界，極乎白蘭數千里。」[21]
則吐谷渾族於永嘉〔公元三一一年〕之亂前賈居陰山附近，永嘉亂
後始度隴而西。成書早於《晉書》之《宋書》（沈約）
亦記云：

　　「（吐谷渾西走）於是遂西附陰山。遭
　　晉亂，遂得上隴。……渾既上隴，出罕
　　幵，西零。西零，今之西平郡，罕幵
　　，今枹罕縣。自枹罕以東千餘里，暨
　　甘松，西至河南，南界昴城、龍涸。
　　自洮水西南，極白蘭，數千里中，逐
　　水草，廬帳居，以肉酪為糧。」[22]
魏收《魏書》亦謂吐谷渾西走：

　　「於是遂西附陰山。後假道上隴。……
　　吐谷渾遂徙上隴，止於枹罕暨甘松，
　　南界昴城（括號：武署常魔郡、謂）、龍涸，延洮水西南極白蘭
　　數千里中，逐水草，廬帳而居，以肉

酷為據。」㉓

是知記吐谷渾西走之初期史料，均指吐谷渾族初居附陰山，惟居人審書，隋唐書而之外，又別有一說，謂吐谷渾西走時即度隴而西也。撿姚思廉《梁書》載：

> 「慕容廆，吐谷渾避之西徙，……因遂西上隴，度枹罕，出漒川而西南，至赤水而居之。」㉔

又令狐德棻之《周書》亦謂：

> 「吐谷渾馬與廆馬鬥而廆馬傷，廆遣讓之，吐谷渾怒率其部落去之，止于枹罕，自為君長。」㉕

又魏徵《隋書》亦云：

> 「吐谷渾與若洛廆不協，遂西度隴，止于甘松之南，洮水之西，南極白蘭山數千里之地。」㉖

此三條資料，均畧去吐谷渾附居陰山事。而由其產生之問題，至少有二：(1)公元二八五年吐谷渾之西走，是即赴陰山抑直接度隴而西？(2)吐谷渾度隴之後，是止居於枹罕抑僅路經枹罕而嘗止居於甘松、赤水？

吐谷渾之嘗居陰山附近，成書較早之《梁書》、《魏書》既有明文，其後之《晉書》、《北史》、《通典》、《通鑑》均采是說[27]，理甚可信。是則吐谷渾之在青海立國，其事亦在永嘉之亂後（公元三一一年之亂後），而不在其前也。

至於吐谷渾度隴止於枹罕，則不僅《周書》作如是說，此外尚有李延壽之《北史》。《北史·吐谷渾傳》記云：

「（吐谷渾西走）於是逐西附陰山，後假道上隴。……吐谷渾遂從上隴，止於枹罕。自枹罕暨甘松，南界昂城、龍涸，從洮水西南極白蘭，數千里中，逐水草，廬帳而居，以肉酪為糧。」[28]

惟通李延壽於《南史》文別謂吐谷渾「西從上隴，度枹罕，出浮州西南，至赤水而居之」[29]，不讚吐谷渾嘗居枹罕事，頗異於《北史》。若據正史史料析之，止於枹罕一說實出誤收，而度枹罕之說則沿自沈約。何者為是，今尚未有足夠之資料判斷[30]。要者，當日度隴而西之吐谷渾活躍於枹罕、〔甘松〕赤水、〔西頃〕一帶，而草原民族逐水草而居，固無一定之居所。其或止枹罕，或停赤水，總因時而異，固難一概而論。惟司馬溫公取《宋書》、《梁書》、《南史》之說而棄《魏書》、《北史》，蓋以南朝之所記為正歟[31]？

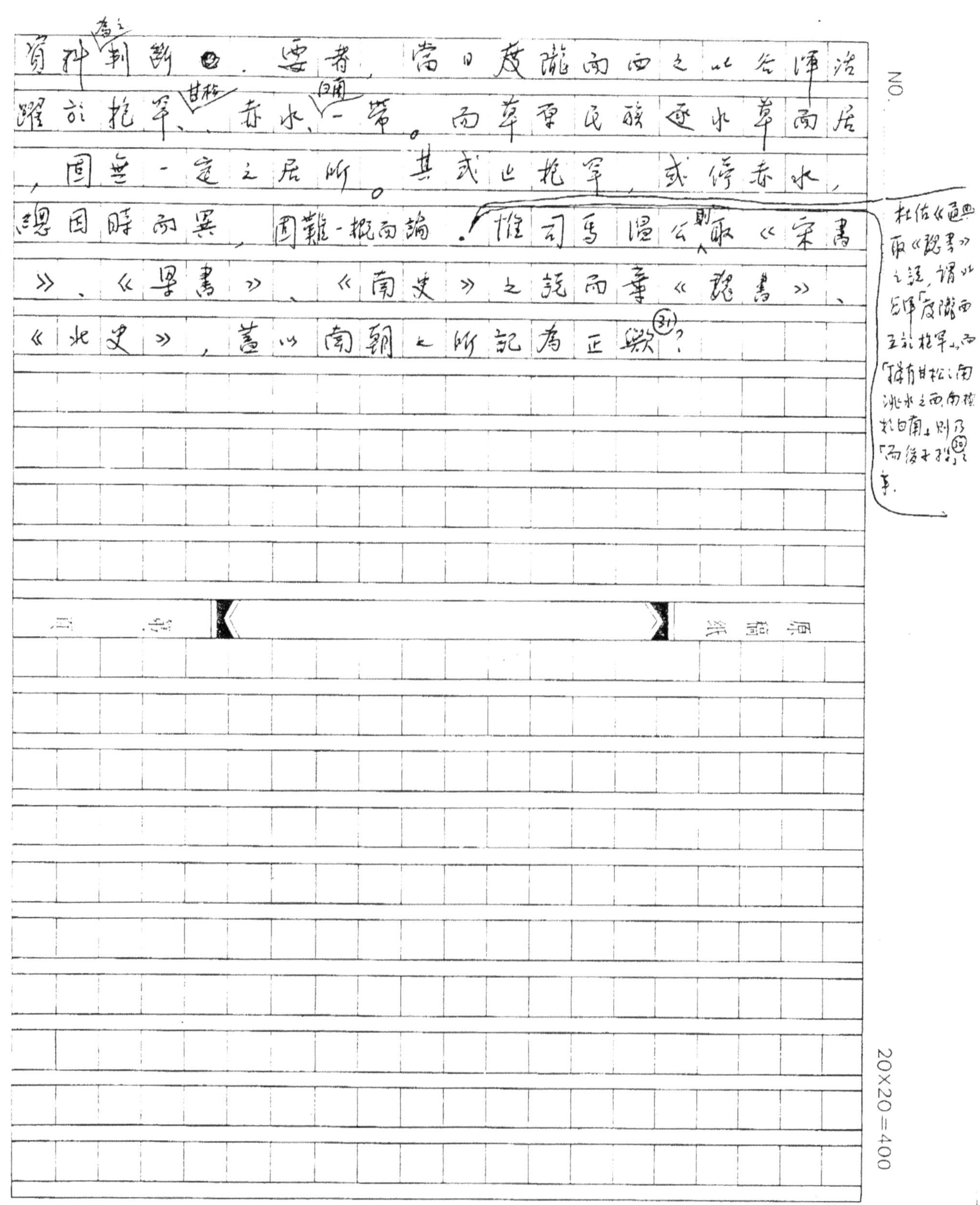

杜佑《通典》取《魏書》之說，謂吐谷渾「度隴西王於枹罕」，而「掠有甘松、南洮水之西南，極於白蘭」，則乃「而後才有」[34]事。

(三) 吐延為羌酋所刺遲度白蘭（AD 317-341）

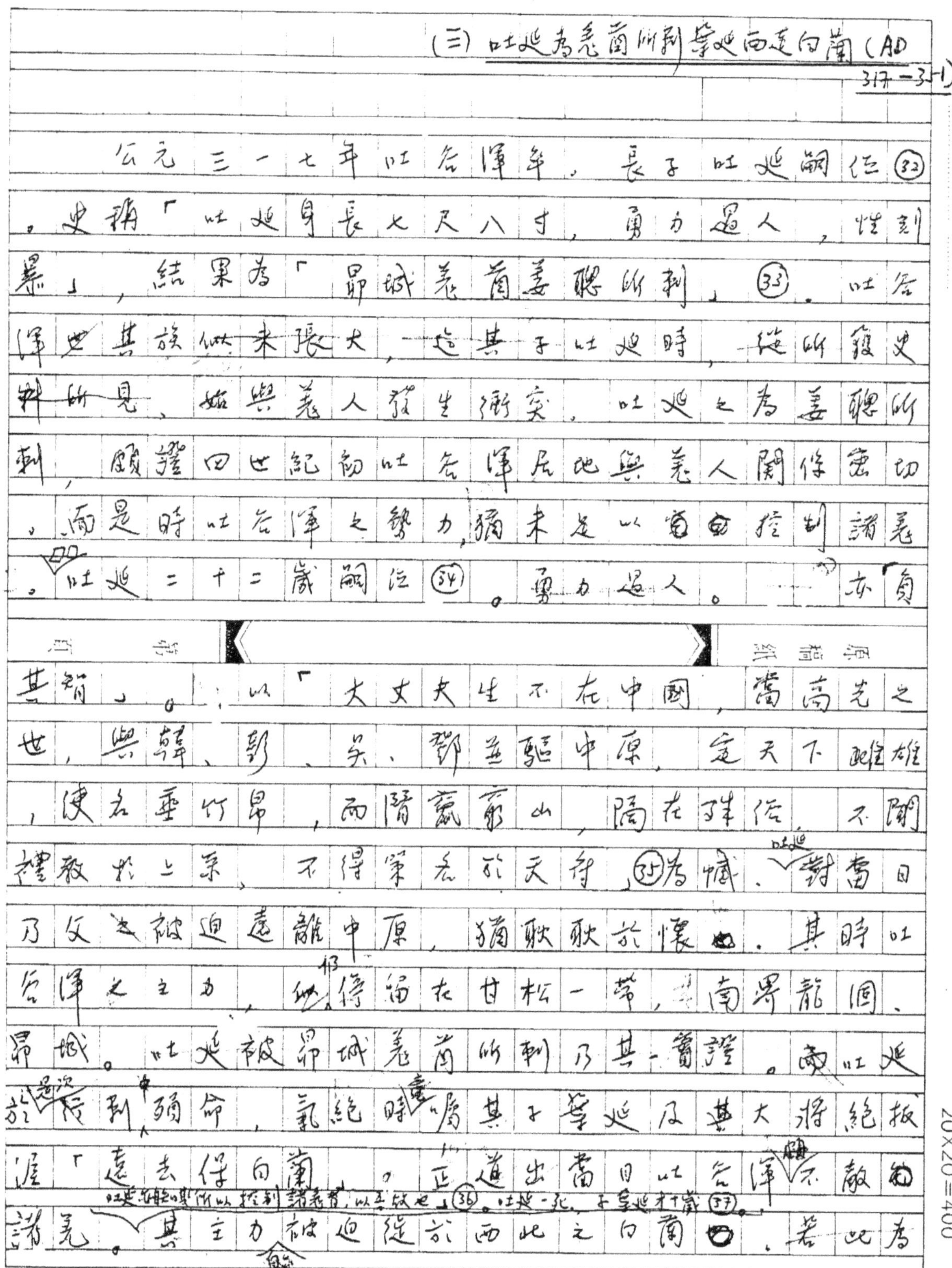

公元三一七年吐谷渾卒，長子吐延嗣位[32]。史稱「吐延身長七尺八寸，勇力過人，性刻暴」，結果為「昂城羌酋姜聰所刺」[33]。吐谷渾世其族似未張大，迄其子吐延時，從所餘史料所見，始與羌人發生衝突。吐延之為姜聰所刺，顯證四世紀初吐谷渾居地與羌人關係密切，而是時吐谷渾之勢力猶未足以窗囪控制諸羌。吐延二十二歲嗣位[34]。勇力過人。……亦負其賢。：以「大丈夫生不在中國，當高光之世，與韓、彭、吳、鄧並驅中原，定天下雌雄，使名垂竹帛，而曆藏爾山，隔在群氐，不聞禮教於上京，不得策名於天府[35]為恨。」對曰：乃父之被迫遠離中原，猶歌歌於懷□。其時吐谷渾之主力，仍停留在甘松一帶，南界龍涸、昂城。吐延被昂城羌酋所刺乃其一實證。而吐延於遲度別殞命，氣絕時囑其子葉延及其大將絕拔遲「遠去保白蘭」，正道出當日吐谷渾不敢與諸羌。其主力被迫徙於西北之白蘭□。若此為

吐延雖知其所以控制諸羌，以玉成也[36]。吐延一死，子葉延才十歲[37]。

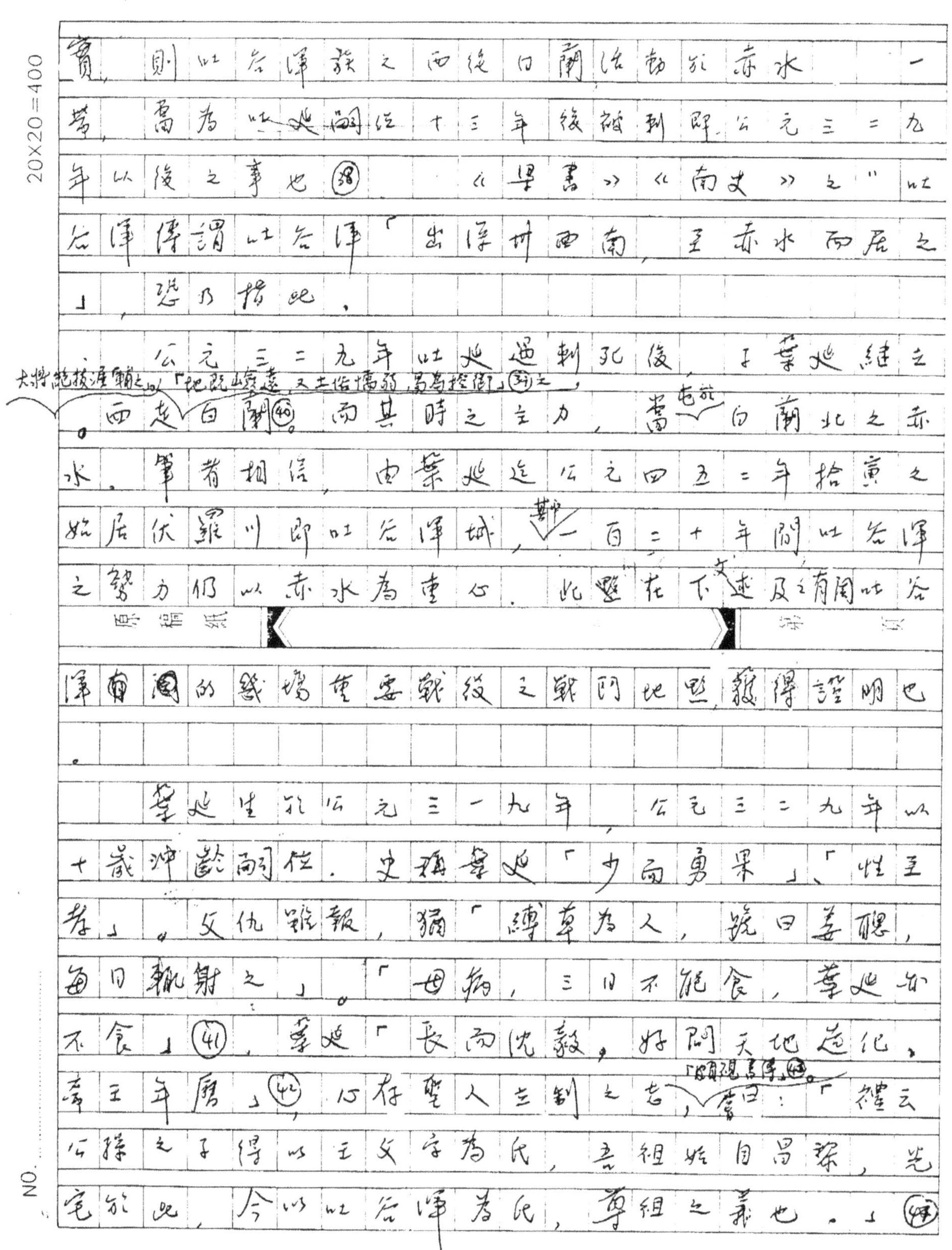

寶，

則吐谷渾族之西徙，曰蘭法動於赤水一帶，爲吐谷渾嗣位十三年後被刺，即公元三二九年以後之事也[38]。《晉書》《南史》之「吐谷渾傳」謂吐谷渾「出涼州西南，至赤水而居之」，恐乃指此。

公元三二九年吐渾遇刺死後，子葉延繼之，〔大將絕拔渥輔之，以「地既峻遠，又土俗懦弱，易爲控御」之[39]〕西走白蘭[40]，而其時之主力，蓋〔屯兵於〕白蘭北之赤水。筆者相信，由葉延迄公元四五二年拾寅之始居伏羅川即吐谷渾城，〔約〕一百二十年間吐谷渾之勢力仍以赤水爲重心。此點在下述及有關吐谷渾有國的幾場重要戰役之戰鬥地點獲得證明也。

葉延生於公元三一九年，公元三二九年以十歲沖齡嗣位。史稱葉延「少而勇果」「性至孝」。父仇難報，猶「縛草爲人，號曰姜聰，每日馳射之」「毋病，三日不能食，葉延亦不食」[41]。葉延「長而沈毅，好問天地造化，〔頗視書傳[43]〕帝王年曆」[42]，心存聖人之制之志，嘗曰：「禮云，公孫之子得以王父字爲氏，吾祖始自昌黎，先宅於此。今以吐谷渾爲氏，尊祖之義也。」[44]

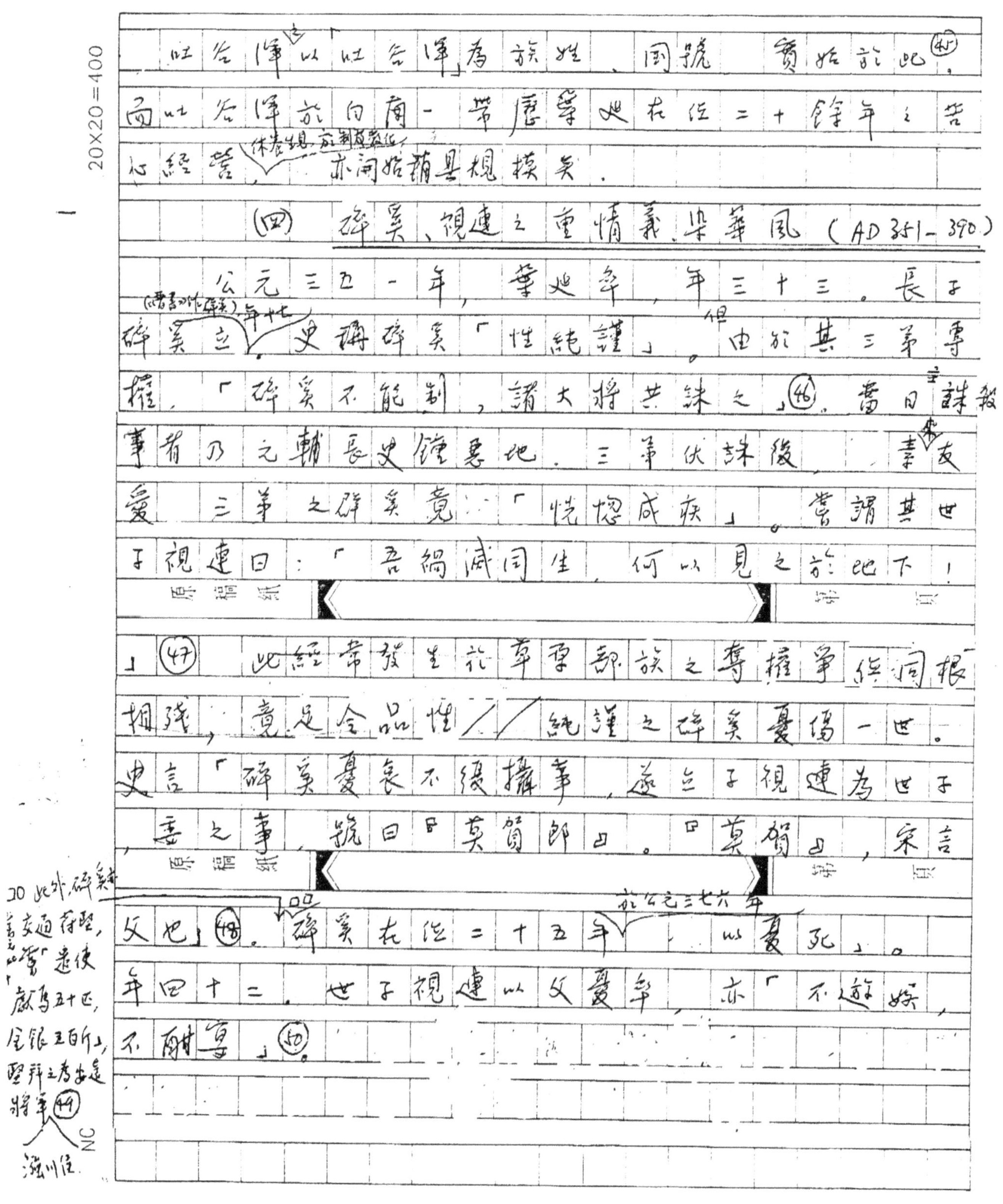

吐谷渾以「吐谷渾」為族姓、國號，實始於此。㊺
而吐谷渾旅白蘭一帶歷葉延此在位二十餘年之苦
心經營（休屠現在割眾作），亦漸始蒲具規模矣。

（四）辟奚、視連之重情義染華風（AD 351－390）

公元三五一年，葉延卒，年三十三。長子
辟奚立（舊訛作辟釐）。史稱辟奚「性純謹」，但由於其三弟專
權，「辟奚不能制，諸大將共誅之」㊻。當日謀殺
事者乃之輔長史鍾惡地。三弟伏誅後，素友
愛三弟之辟奚竟「恍惚成疾」。嘗謂其世
子視連曰：「吾縞滅同生，何以見之於地下！
」㊼此經常發生於草孳部族之奪權爭係同根
相殘，竟足令品性純謹之辟奚憂傷一世。
史言「辟奚憂衰不緩攝事，遂立子視連為世子
委之事，號曰『莫賀郎』。『莫賀』，宋言
父也」㊽。辟奚在位二十五年（於公元三七六年）以夏死。
年四十二。世子視連以父憂卒，亦「不遊娛，
不酣享」㊾。

⒇ 此外辟奚
遣交通苻堅，
以「馬」遣使
獻馬五十匹，
金銀五百斤，
堅拜之為安遠
將軍㊹
NC
涼州使

公元三九〇年，視連遣使金城王乾歸，乾
歸許視連為沙州牧、白蘭王。同年，視連卒
，年四十二，在位十五年。據視連當生於三四
八年即晉穆帝永和四年，嗣位時二十八歲，而
嗣位前已掌國政。

　公元三九〇年視連卒後，長子視熊立，少
子為烏紇堤（一名大孩）。

　辟奚、視連在任期間，吐谷渾漸已華化。
其長官有長史、司馬、博士，頗同中國，其
思想亦恣恣以周孔之道為依歸。

姓，辟奚曾感於「禍戚同生」，長史鍾惡已之
所謂「經國者，德禮也；濟世者，刑法也」、
「仁孝發於天然，猶宜憲章周孔」，視連「綱
維刑禮，付之將來」，其子視羆言「先王以仁
寧世，不任威刑」（註），均證吐谷渾統治階層之漸
染華風，頗重教化。然儒道可以治國安邦，未
足以抗外侮，故繼視羆在位，政策一變，以先
王治術「剛柔靡斷，取輕鄰敵」，因而一轉而為
「秣馬屬兵」，意欲「爭衡中國」矣。

(五) 視熊與西秦結怨 (AD.390-400)

（《宋書》記視羆享年四十二，誤）

視羆生於公元三六七年[53]。公元三九〇年年二十三繼位，「性英果，有雄略」。意欲「爭衡中國」，因而「秣馬厲兵」。而助之者有博士金城人薔邑[54]。由是「虛襟抱納，眾赴如歸」[55]。當其即位時，西秦王乞伏乾歸遣使拜之為「使持節、都督龍涸已西諸軍事、沙州牧、白蘭王」。［當日「控弦之士二萬」[56]而又］心懷乳志之視羆意不惟不受，且藉機諷弄乾歸一番，謂其「私相假署，擬儕羣凶」[57]。當日乾歸為此「大怒」，然「憚其強」[58]，未敢即時兵戎相見。此證吐谷渾於視熊世時勢力顯大。惟視熊之年少氣盛，「為後乞伏乾歸代吐谷渾張本」[59]。

公元三九八年，西秦王乞伏乾歸遣秦州牧涼州武衛將軍慕兀、冠軍將軍翟瑥帥騎二萬代吐谷渾[60]。乞伏益州與吐谷渾王視熊戰於度周川（《通鑑》胡注，度周川在臨洮羌外龍涸之西）。結果視羆大敗，走保白蘭山，遣子宕豈為質於西秦以請和[61]。乾歸軟硬兼施，妻之以「宗女」[62]。然未有證據顯示視熊因而歸順西秦。

(六) 烏紇提為西秦所敗，樹洛干由赤水遷慕賀川（AD400-417）

公元四〇〇年，視罴卒，子樹洛干九歲，弟烏紇提立 [63]。烏紇提卒於公元四〇五年，成諸史載烏紇提立八年而死，則公元三九八年視罴為乞伏益州擊敗後，權力似已轉其弟烏紇提之手 [64]。烏紇提一名大孩，「性懦弱，耽圖淫色，不恆國事」。樹洛干母念氏即視罴妻「聰惠有姿色」。烏紇提妻之。「有寵，遂專國事」[65]。生二子慕璝、慕利延 [66]。樹洛干之與慕璝、慕利延實異父兩同母。念氏專制，《通鑑》稱其「有膽智，國人畏服之」[67]。

烏紇提與西秦乞伏乾歸關係惡化。史稱「乞伏乾歸之入長安也，烏紇提屢抄其境」。公元四〇五年，「乾歸密，率騎討之」，是役也，「烏紇提大敗，士失萬餘口，保於南涼，遂卒於胡園」[68]，在位六年，終年三十五。

烏紇提死後，視罴子樹洛干繼立。樹洛干九歲而孤，母念氏改嫁烏紇提。嗣位時年僅十六歲 [69]。公元四〇五年之役，吐谷渾傷亡慘重。新嗣位之樹洛干為形勢所迫，「率所部數千家奔歸莫何川」[70]。莫何川當即莫賀川，在赤水

南之西傾山（即西強山）西北⑦，樹洛干「自稱
大都督、車騎大將軍、大單于、吐谷渾王」⑦。此後，於赤水南西傾山之阿發展勢力。「化
行所部，眾庶樂業」，不幸元氣恢復，且「沙
漭雜種莫不歸附」⑦（且「號為戊寅可汗」，
案樹洛干在位並無戊寅年，而吐谷渾自稱可汗
實始於公元五四〇年夸呂世，《晉書》謂樹洛
干自號戊寅可汗不足信。）而所謂「沙漭」，
乃指洮河即西南及西傾山北崦呂山東北洮水所
出之間⑦，正莫賀川及其南一帶地域。《魏
書》、《北史》記吐谷渾阿豺自稱「沙州刺史
」之「沙州」，當指此地帶⑦，非敦煌之沙州，
筆者相信，吐谷渾自樹洛干後其主力已東遷赤水
東遷於莫賀川及其南一帶之所謂「沙州」地區，
而別留部將守赤水。（公元四一三年西秦乞
伏熾磐無吐谷渾就於所謂長柳川、注勤川、渴
渾川，及公元四一七年西秦安東將軍木弈干於
樹洛干弟阿豺於堯杆川等諸川當在莫賀川南沙
漭一帶地域。而樹洛干屯駐之地，昆由赤水而遷
洮河東。

「控弦數萬」、「將校風謚」稱霸／西未……湟水……遠別天子」[76]

樹洛干稱雄於沙漠後，勢力頤張。公元四一一年，且伐南涼禿髮傉檀，敗其太子武臺。[77]情翌年春，西秦向吐谷渾發動大規模攻擊，樹洛干處處失利。公元四一二年二月乞伏乾歸「率騎二萬討吐谷渾支統阿若干于赤水，大破降之」[78]（《晉書‧吐谷渾》謂乾歸收樹洛干於赤水，又謂拜樹洛干為「平狄將軍、赤水郡護，又以其弟吐護真為輔慶將軍、鴈耐都尉」[79]，實誤以阿若干為樹洛干。晉書曰樹洛干不居屯於赤水，亦未聞樹洛干有弟曰吐護真，且以當日樹洛干之身份而言，討之為「都尉」亦甚不當。）。同年乾歸為乞伏公府弒，長子熾磐立[80]公元四一三年即義熙九年，熾磐「遣其龍驤乞伏智達、平東王松壽討吐谷渾樹洛干於澆河，大破之，獲其將呼那烏提，虜三千餘戶而還」。後又「遣安北（將軍）烏地延、冠軍（將軍）翟紹討吐谷渾別統句旁于治勤川，大破之，俘獲甚眾，熾磐率諸將討吐谷渾別統支旁于長柳川，掘達於渴渾川，皆破之，前後俘獲男女二萬八千」[81]。其後「挹逯帥其餘眾降于熾磐」（82）。經此數役，樹洛干傷亡慘重。公元四一七年，熾磐又「令其安東（將軍）木奕于卑騎七千討吐谷渾樹洛干于塞上，破其弟阿紫於堯杅川，俘獲五千餘口而還」，結果樹洛干「奔保白蘭山」（83）「慚憤發病而卒」（84）〔在位九年，時年三十四〕。而熾磐聞而大喜，以「此虜矯矯」既減，而「吾無患矣」（85）。則樹洛干在位期間之「矯矯」勇武不過曇花一現耳。

（七）阿豺、慕璝悉心經營，復佔甘松，由弱轉強 （AD 417-430）

　　吐谷渾之興起為一草原民族武裝力量，始於阿豺也。阿豺乃樹洛干弟，同父同母，生於公元三九四年至四〇〇年間。公元四一七年樹洛干死後嗣位。卒於公元四二六年即宋文帝元嘉三年（《通鑑》記阿豺卒於元嘉元年即公元四二四年，「元」當為「三」之誤）。在位九年，享壽不超過三十一歲。

　　公元四一七年阿豺即位之初，來自西秦之伏熾磐之攻擊猶未稍歇。公元四一九年，遣其西將軍孔子「封吐谷渾覓地于弱水南，大破之。覓地率眾七千澤于熾磐」寶為弱水護軍。（按《通鑑》胡注：「弱水出州丹松山，西北入張掖西流。」此吐谷渾勢力似未及弱水南，余疑此役恐為四一七年熾磐伐吐谷渾之其中一役耳事。）然阿豺乃吐谷渾雄主，在位期間，自號驃騎將軍、沙州刺史。又「兼并羌氐，地方數千里，號為強國」。阿豺致力擴張勢力，自澆河向東南，復佔吐谷渾甘松地。史謂羌氐：此羌氐當指居於甘松、昂城、龍涸一帶之羌氐。似亦是報其先祖此地為羌苗

此即《宋書》所記「阿豺遣其從子西彊公吐谷
渾救來泥拓土王龍涸、平康」⑨是也。此舉固
是報其先祖吐延為羌酋姜聰所刺之宿仇，而
其勢力之自洮河西強山一帶向東展至故此甘
松，亦即時與南朝宋室相接觸，產生新可勢新關係
。《魏書》記當日阿豺之田于西強山，觀墊江
源頭，問所屬臣水名渟流，其長史曾私指乃「
經仇地，逕晉壽，出宕渠」之「墊江」，此水
「至巴郡入江，及廣陵會於海」。阿豺遂藉
題發揮，謂「水尚知有歸」，乃「遂使通創聘

符，歎其方物，義符封為慕阿公」⑨。實則阿
豺顧願與其東之劉宋交好，以抗其西接大之西秦。宋
少帝景平中，即公元四二三年遣使劉宋⑨之前醉
元四二一阿豺雖已遣使「淳奉」，而西秦之伏
熾磐曾以之為「安州牧白蘭王」（《通鑑》胡注：
秦蓋以吐谷渾之地為安州。）⑨，惟吐谷渾與西
秦由來結怨甚深，通使於宋及其後連結北涼，
均顯具抗西秦之意味也。

　　阿豺世吐谷渾國由弱轉強，惜天不假年
，在位未及十年，於宋文帝元嘉三年即公元四

二六年不幸以疾卒，不立其長子緯代，而立其兄子慕璝。

慕璝者，烏紇提之子。　生於公元四〇〇年至四〇五年間，即烏紇提在位期間。兩卒於太延二年即公元四三六年，享年不越三十五歲。

慕璝繼位　導術阿豺政策，拓展吐谷渾勢力，招集「孝廉七輩之人及羌戎雜夷眾至五六百戶，鳴道�{弓}漢」此文作廿、鮮連，部眾轉盛」(94)。而其中……吐谷渾握逵等帥部眾二萬戶叛秦，奔昴川，附於吐谷渾王慕璝」(96)尤其公元四二……

八年熾盤卒後西秦一國政稍亂，秦乞伏熾盤在位末年，其澆河太守焦嵩已嘗為吐谷渾元緒所執(97)．五月，熾盤卒，太子乞伏暮末繼位．望年　北涼沮渠蒙遜與吐谷渾暮璝聯兵伐秦(98)．西秦「政亂」，流民入吐谷渾者段承……攻承根……父子月西秦「奔吐谷渾」(99)……公元四二九年，慕璝遣使於宋(100)　上宋文帝「請更援章策表」(101)．公元四三〇年，宋以慕璝（慕容璝）為「征西將軍沙州刺史」(102)．同年西秦乞伏暮末故紀「皆入於吐谷渾」(103)．墓誌有吐谷渾統故

「由「苑川王二年，枹罕」

發展成為強大的鮮卑民族國家，並正式登上中國南北朝的歷史舞台。其中以公元四三一年慕璝攜赫連定主送使奉表請送赫連定於此記，受此詔太武帝冊封為「大將軍西秦王」，（鮮卑明）事受南北朝封號更為醒目。吐谷渾自阿豺經營由繞河一帶擴張勢力東至於甘松後，南北朝發展全面關係，並成為南北統治者不敢輕視的鮮卑民族武裝力量，則始於四二八年慕璝之崛起後。嚴師耕望在其《唐代岷山雪嶺地區交通圖考》一文述及之"松州西北出甘松嶺通吐谷渾青海道"並論

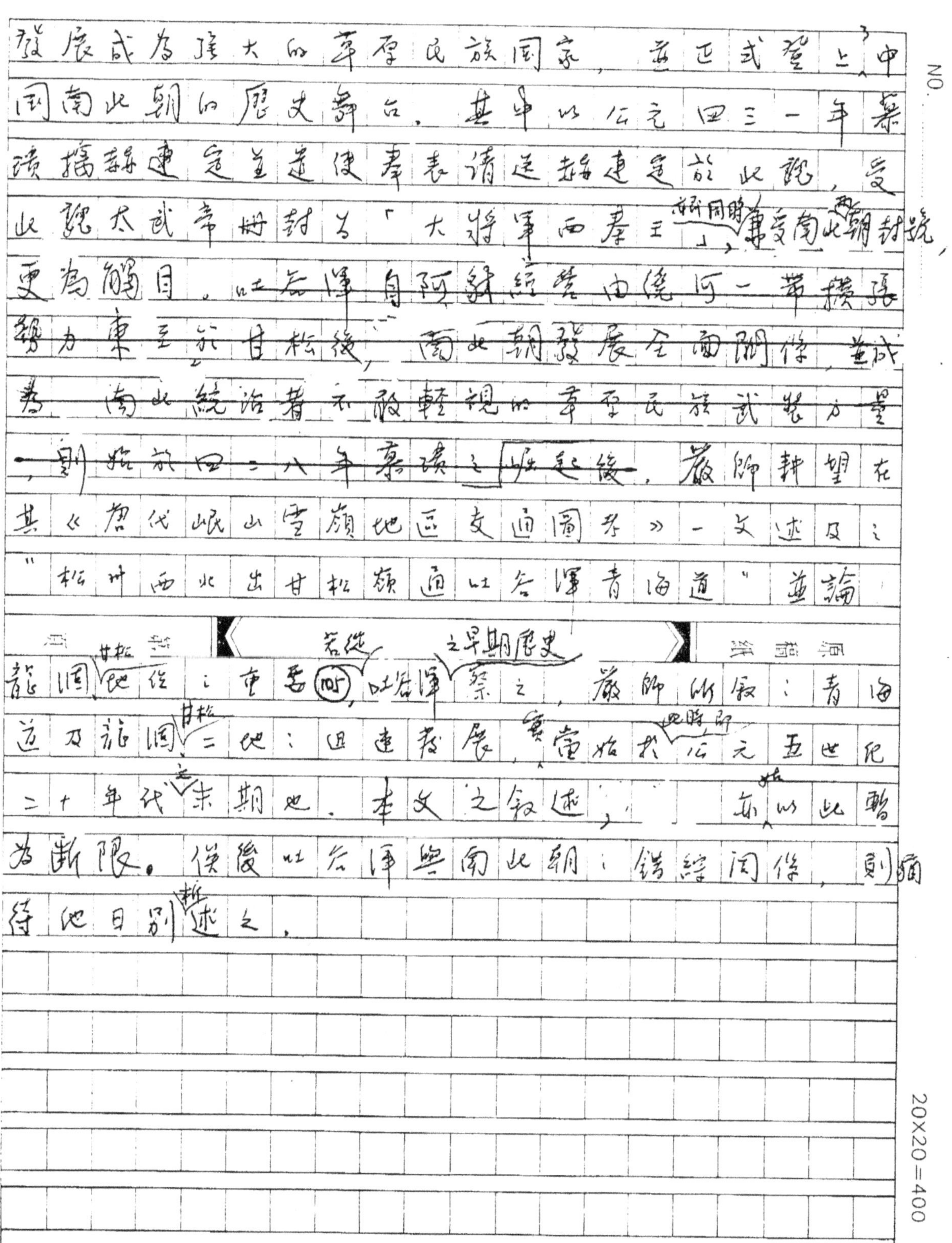

龍涸地經：東至阿吐谷渾察之，嚴師所寂：青海道又龍涸二地：田連春展，實當始於公元五世紀二十年代末期也。本文之敘述，東以此暫為斷限。僕後吐谷渾與南北朝錯綜關係，則猶待他日別述之。

（八）　撮要

本文所述之主要內容乃：

(1) 吐谷渾之西走與公元二八五年後鮮卑慕容部內吐谷渾與慕容廆因繼立而產生之權力鬥爭有關．絕非僅因「二部馬鬥」．

(2) 吐谷渾於公元二八五年目徒河青山（在營州郡城東方九十里）西走而附於陰山。公元三一一年永嘉亂後再度隴山而西，居枹罕、甘松、昂城、龍涸一帶。

(3) 公元三二九年吐延為羌酋所刺，葉延走保白蘭，始屯居於赤水，正固號曰吐谷渾，並以為姓。經二十年經營而粗具規模。四世紀末視連之世，且染華風。

(4) 公元三九〇年視熊與西秦之伏乾歸結怨，種下候後數十年吐谷渾與西秦相攻之禍根。

(5) 公元四〇五年烏紇提敗於乾歸，七失甚眾。樹洛干越迎遷於莫賀川、澆河一帶，於沙陬地區發展勢力。

(6)　公元四一七年後吐谷渾衣阿豺治下，尊奉羌氏，後甘松、龍洞故地。公元四二六年慕璝繼位後吐谷渾因乘兩秦政亂，迅速壯大，並交通劉宋、拓跋魏，尊受兩國封授，"青海道"交通由是日益發展，而吐谷渾亦正式登上中國南北朝的歷史舞台。

(7)　據史料分析，吐谷渾初期諸在位君主之世係年代可考列姑次：

君主	吐谷渾	吐延	葉延	辟奚	視連	視羆	烏紇提	樹洛干	阿豺	慕璝
(父)	(徙河涉歸)	(吐谷渾)	(吐延)	(葉延)	(辟奚)	(視連)	(視連)	(視羆)	(視羆)	(烏紇提)
生卒(年)	245-317	295-329	319-351	334-376	348-390	367(?)-400	370(?)-405(?)	393-417	394/400-426	401/405-436
享年	72	35	33	43	43	34(?)	36(?)	25	27(+)	36(+)
在位年代	285-317	317-329	329-351	351-376	376-390	390-400	400-405	405-417	417-426	426-436
在位年數	33	13	23	26	15	11	6	13	10	11

一九九二年定稿，九三年二月修訂畢功。

<u>註　釋</u>

《晉書》卷3 "武帝紀", 太康三年三月, 頁73.

① 《通鑑》, 前引, 卷81 晉武帝太康三年 (282) 三月條, 頁2580.
作鮮卑慕訶, 又慕容廆作慕容涉歸, 即廆父.

② 《通鑑》, 前引, 卷81 晉武帝太康四年 (283) 十一月條, 頁2586, 胡注.

③ 並見《通鑑》卷81 武帝太康六年 (285) 十二月條, 頁2590. 《晉書》卷108 "慕容廆傳", 頁2804.

④ 《晉書》卷3 "武帝紀", 頁79.

⑤ 《通鑑》卷82 晉武帝太康十年 (289) 九月條, 頁2594. 又《晉書》卷108 "慕容廆傳", 頁2804.

⑥ 《通鑑》卷82 晉惠帝元康四年 (294), 頁2614. 《晉書》卷108 "慕容廆傳", 頁2804. "廆以大棘城即帝顓頊之墟也."

⑦ 《通鑑》卷84 晉惠帝太安元年 (302)條, 頁2676. 《晉書》卷108 "慕容廆傳", 頁2805.

⑧ 全⑦, 《通鑑》胡注.

⑨ 《通鑑》卷86 晉懷帝永嘉元年 (307)條, 頁2734. 《晉書》卷108 "慕容廆傳", 頁2805.

⑩ 〔《晉書》卷108"姚弋仲傳"，頁2805，諸生嘉忿虔少子輪。又〕《通鑑》卷87晉懷帝永嘉五年（311），頁2773，《通鑑》所「素連」作「素喜連」，「末胚」作「末丸津」，「中原喪亂，州師屢敗」作「中原離亂，州師不振」。「終可以得志於諸侯」作「此霸王之基也」。

⑪ 參⑩。

⑫ 《通鑑》卷88，晉愍帝建興元年（313），頁2797，2748。

⑬ 此可參《通鑑》卷88晉愍帝建興元年（313），頁2798，2799，2804諸條，不贅。

⑭ 〔《晉書》卷108"姚弋仲傳"，頁2805。又〕《通鑑》卷90晉元帝建武元年（317）三月條，頁2845。胡注：「遼左，即遼東，流民，謂中州之民流移入遼東者。」

⑮ 《隋書》，卷83，"吐谷渾傳"，頁919。

《宋書》卷96 "吐谷渾傳" 頁2370；又

(16) 《晉書》，卷97 "吐谷渾傳"，頁2537.

(17) 吐谷渾之年見《通鑑》卷90晉元帝建武元年(317)是歲條，頁2852.

(18) 見《晉書》卷97"吐谷渾傳"頁2537.

又《宋書》卷96《吐谷渾傳》：「父在時，分七百戶與渾。」頁2369.《通鑑》從《晉書》，作「分戶一千七百以隸之」，見卷90晉元帝建武元年(317)條，頁2852.

(19) 《宋書》，前引，卷96，《吐谷渾傳》，頁2370.

(20) 《通鑑》，卷126，宋文帝元嘉二十九年(452)九月條，頁3979.

(21) 《晉書》，卷97，"吐谷渾傳"，頁2537.

(22) 《宋書》，卷96，"吐谷渾傳"，頁2370

(23) 《魏書》，卷101，"吐谷渾傳"，頁2233-2234.

(24) 《梁書》卷54，"諸夷傳"，頁810.

(25) 《周書》卷50，"吐谷渾傳"，頁41.

(26) 《隋書》卷83，"吐谷渾傳"，頁919.

㉗ 《通典》吐谷渾，見卷190，"邊防大"，"西戎二".

㉘ 《北史》卷96 "吐谷渾傳"，頁5下.

㉙ 《南史》卷79 "河南王傳"，頁1977.

㉚ 《通典》卷190，"邊防大"，頁

㉛ 《通鑑》卷90 晉元帝建武元年(317)是歲條不記枯罕，見頁2842.

㉜ 《晉書》卷97，"吐谷渾傳"："吐谷渾年七十二年，有子六十人，長曰吐延，嗣。" 頁2438. 查見《宋書》卷96，"吐谷渾傳"，頁2370.

㉝ 《宋書》，卷96，"吐谷渾傳"，頁2370.

㉞ 《宋書》卷96，"吐谷渾傳"，記吐延死年三十五，嗣位十三年，頁2370.

㉟ 《晉書》，卷97 "吐谷渾傳"，頁2438

㊱ 《宋書》卷96，"吐谷渾傳"，吐延為姜聰所刺，"拔劍而死，嗣位十三年，年三十五，頁2370.

㊱ 《晉書》，卷97，"吐谷渾傳"，頁2438.

㊲ 《晉書》，卷97，"吐谷渾傳"，頁2438.

(39) 《宋書》卷96，"吐谷渾傳"，頁2370.

(40) 《北史》卷96，"白蘭傳"「白蘭者，羌之別種也。其地東北接吐谷渾，西北利模延，南界邪郡，風俗為產，與宕昌略同」，頁12下。《通鑑》卷90晉元帝建武元年(317)條胡注引沙州記，「白蘭，山名，羌所居也」，頁2812. 此據譚其驤《中國歷史地圖集》，東晉世白蘭在伏羅川西南[見頁3-4, 19-20.]齊魏世則居今金沙江12，與宕項為鄰。屢疑白蘭之南徙，蓋始於元三二九年吐谷渾花

甘松為羌人所逼西徙白蘭故地之後，而原居白蘭之白蘭族，亦因吐谷渾之入侵而不得不南徙也。

(41) 《宋書》卷96，"吐谷渾傳"，頁2370.

(42) 《晉書》卷97，"吐谷渾傳"，頁2439

(43) 《宋書》卷96，"吐谷渾傳"，頁2370-71.

(44) 《晉書》卷97，"吐谷渾傳"，頁2439.

(45) 《通鑑》卷94晉成帝咸和四年(329)年，「乃自號其國曰吐谷渾」，頁2973.

㊻　《宋書》卷96，"吐谷渾傳"，頁2371.

㊼　《晉書》卷97，"吐谷渾傳"，頁2539.

㊽　全㊻

㊾　《晉書》卷97，"吐谷渾傳"，頁2539. 《晉書》卷113符堅載記"吐谷渾碎奚，揭箕跋渾，慨和連使追至千里。金銀五千斤，拜碎奚安遠將軍、漯川侯，頁2894

㊿　全㊻

(51)　《通鑑》卷107晉孝武帝太元十五年(390)頁3396. 《晉書》卷97"吐谷渾傳"，"視連既立，遣聘於乞伏乾歸，拜為白蘭王"，頁2540. 又《晉書》卷125"乞伏乾歸傳"，"吐谷渾大人視連遣使貢方物"，頁3116.

(52)　《晉書》卷97，"吐谷渾傳"，頁2539-2540.

(53)　據《宋書》卷96，"吐谷渾傳"，視罴嗣位十一年，卒年"四十二"，頁2371. 據視罴於公元三九〇年嗣位，在位十一年即公元四〇〇年卒，事見《通鑑》卷111安帝隆安四年(400)四月條，頁3510，以此上推，則視熊當生於公元三五八年。然據前文所考，其父視連生於公元三四八年，則視熊斷無生於三五八年之理。復據《晉書》卷97"吐谷渾傳"，記視熊卒死三十三，頁2541，則視熊實生

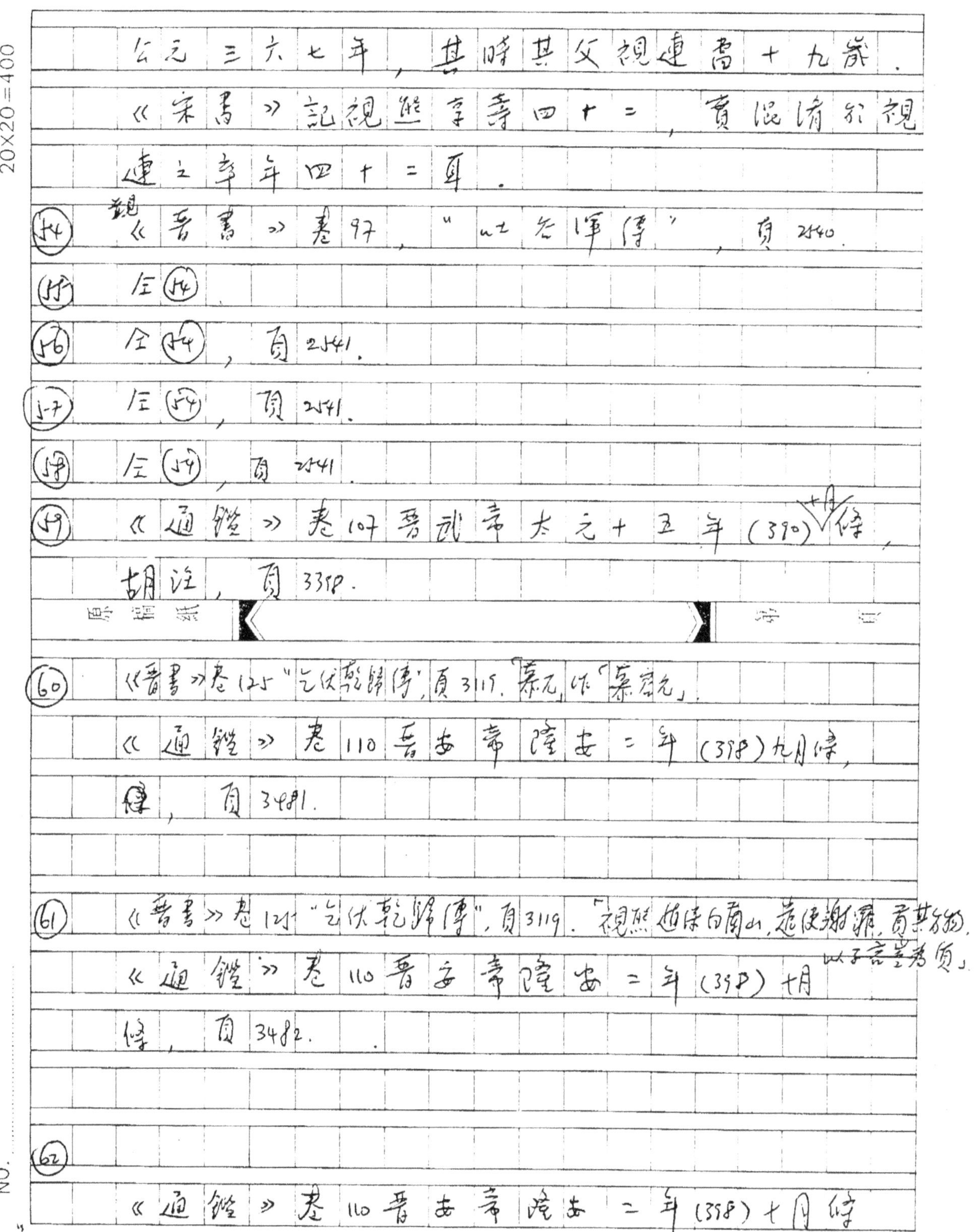

公元三六七年，其時其父視連當十九歲。

《宋書》記視羆享壽四十二，實混淆於視

連之享年四十二耳。

(54) 觀《晉書》卷97，"吐谷渾傳"，頁2440。

(55) 仝(54)

(56) 仝(54)，頁2441。

(57) 仝(54)，頁2441。

(58) 仝(57)，頁2441。

(59) 《通鑑》卷107晉武帝太元十五年(390)十月條，胡注，頁3318。

(60) 《晉書》卷125"乞伏乾歸傳"，頁3115。"慕兀"作"慕蒍"。

《通鑑》卷110晉安帝隆安二年(398)九月條，頁3481。

(61) 《晉書》卷125"乞伏乾歸傳"，頁3119。"視羆始隸白蘭山，遣使謝罪，貢其方物，以子宣望為質"。

《通鑑》卷110晉安帝隆安二年(398)十月條，頁3482。

(62) 《通鑑》卷110晉安帝隆安二年(398)七月條

頁3482.

(63)《宋書》卷96，"吐谷渾傳"，頁2371. 又《通鑑》卷111晉安帝隆安四年(400)四月條，頁3510.

(64)《宋書》卷96"吐谷渾傳"，《晉書》卷97"吐谷渾傳"，均記烏紇堤在位八年。分見頁2371、頁2541.

(65)《晉書》卷97"吐谷渾傳"，頁2541.

(66)見《北史》卷96"吐谷渾傳"，頁6上.

(67)《通鑑》卷111晉安帝隆安四年(400)四月條頁3510.

(68)《晉書》卷97，"吐谷渾傳"，頁2541.

(69)《晉書》卷97，"吐谷渾傳"，頁2541. 以同傳謂樹洛干在位九年卒，二十四，則此處十六當為十三之誤.

(70)《晉書》卷97，"吐谷渾傳"，頁2541.

(71)見譚其驤編，《中國歷史地圖集》，冊四，頁13-14，中國地圖出版社，1989二版.

(72)《晉書》卷97，"吐谷渾傳"，頁2541.

(73)《晉書》卷97，"吐谷渾傳"，頁2541.

74 《通鑑》卷114晉安帝義熙元年（405）正月條胡注，「段國曰：澆河郡西南一百七十里有黃沙，南北一百二十里，東西七十里，西極大楊川，望之若人委糠秕於地，不生草木，蕩然黃沙，周迴數百里。洮水出漒台山東北，逕此谷渾中，自洮、漒南北三百里中，比草皆是龍鬚，而無樵柴，謂之漒川。」，頁3580.

75 《魏書》卷101"吐谷渾傳"，「樹洛干死，弟阿豺立，自號驃騎將軍、沙州刺史。……部內有黃沙，周回數百里，不生草木，因號曰沙州曰……，頁2234-2235. 並見《北史》卷96"吐谷渾傳"，頁65.

76 《宋書》卷97"吐谷渾傳"，頁2041-2042.

77 《晉書》卷126"禿髮傉檀傳"，頁3154，《通鑑》卷116晉安帝義熙七年（411）二月條，頁3644，武臺作「虎臺」.

78 《晉書》卷128"乞伏乾歸傳"，頁3122. 又《通鑑》卷116晉安帝義熙八年（412）二月條，頁3648.

79 《晉書》卷97"吐谷渾傳"，頁2442.

(20) 《晉書》卷125 "乞伏乾歸" 傳，頁3122；"乞伏熾磐傳"，頁3123。

(21) 《晉書》卷125 "乞伏熾磐傳"，頁3123-3124。《通鑑》卷116晉安帝義熙九年（413）四月、七月、九月條，頁3659、3662，惟《通鑑》不記熾磐擊樹洛干于浇河事。

(22) 《通鑑》卷116晉安帝義熙九年（413）十月條，頁3662-3663。

(23) 《晉書》卷125 "乞伏熾磐傳"，頁3124。《通鑑》卷118晉安帝義熙十三年（417）二月條，頁3699。

(24) 《晉書》卷97 "吐谷渾傳"，頁2442。以樹洛干卒於西元（417）年，則其在位為十三年矣。

(25) 《晉書》卷125 "乞伏熾磐傳"，頁3124。

(26) 阿豺既為樹洛干弟〔同母弟〕，則其生年不應早於樹洛干之生年即公元三九三年，而亦不應晚於其父視熊之死年即公元四〇〇年。又《通鑑》記阿豺死於元嘉元年，惟據《宋書·吐谷渾傳》及《北史》〔按宋書·吐谷渾傳〕。《谷渾傳》均指案文帝元嘉三年對阿豺"加贈命"，而竟其暴病，則阿豺當死於三年，非元年也。

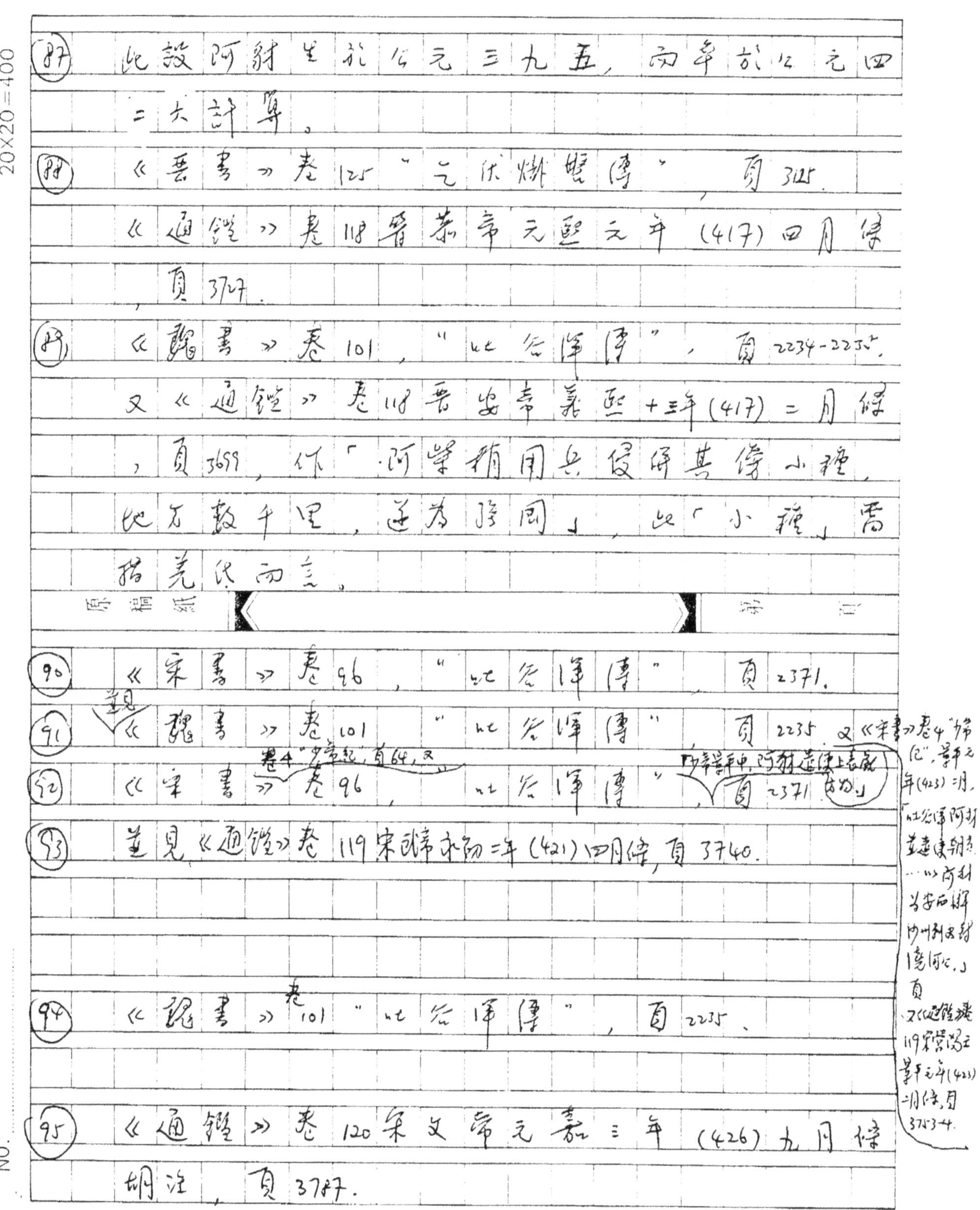

⑧⑦ 此設阿豺生於公元三九五，病卒於公元四二大計算。

⑧⑧ 《晉書》卷125 "乞伏熾磐傳"，頁3125.
《通鑑》卷118晉恭帝元熙元年（417）四月條，頁3727.

⑧⑨ 《魏書》卷101，"吐谷渾傳"，頁2234-2235.
又《通鑑》卷118晉安帝義熙十三年（417）二月條，頁3699，作「阿豺稍用兵侵伐其傍小種，地方數千里，遂為强國」，此「小種」喬指羌民而言。

⑨⑩ 《宋書》卷96，"吐谷渾傳"，頁2371.

⑨① 《魏書》卷101，"吐谷渾傳"，頁2235. 又《宋書》卷4

⑨② 《宋書》卷96，"吐谷渾傳"，頁2371.
（卷4 "少帝紀"，頁64，又）

⑨③ 並見《通鑑》卷119宋武帝永初二年（421）四月條，頁3740.

⑨④ 《魏書》卷101 "吐谷渾傳"，頁2235.

⑨⑤ 《通鑑》卷120宋文帝元嘉三年（426）九月條
胡注，頁3787.

又《宋書》卷4 "少帝紀"，景平元年（423）…月，「吐谷渾阿豺主遣使朝貢…以阿豺為…沙州刺史…河…」頁。又《通鑑》卷119宋營陽王景平元年（423）…月條，頁3753-4.

(96) 《通鑑》卷120宋文帝元嘉三年（426）九月條，頁3787。

(97) 《通鑑》卷121宋文帝元嘉五年（428）二月條，頁3798。

(98) 《通鑑》卷121宋文帝元嘉六年（429）六月條。頁3811。

(99) 《北史》卷34，"段承根傳"，頁9上。

(100) 《南史》卷2"宋文帝紀"元嘉六年十二月，頁41。又《宋書》卷5，"文帝紀"，頁78，並說"河南國"遣使慶方物。

(101) 見《全宋文》卷61，"外國"，頁2764。

(102) 《宋書》卷5，"文帝紀"，元嘉七年春正月，頁78。

(103) 《通鑑》卷121宋文帝元嘉七年（430）十月條，頁3822，並胡注。《宋書》卷96，"吐谷渾傳"，燭堅死，子慕曼（慕末）立。慕璝前後屢遣軍擊茂虔寧部落東奔隴右，慕璝據有其地」頁2372。

(104) 《魏書》卷4上，"太武紀"，神麚四年「六月赫連定北襲沮渠蒙遜，為吐谷渾慕璝所執。……（八月）吐谷渾慕璝遣使奉表，請送赫連定。乙丑，以慕璝為大將軍西秦王」，頁78。又可參《宋書》卷95"索虜傳"，頁2330。又《通鑑》卷122宋文帝紀之元嘉八年（431）六月、八月條，頁3832、3833。

又《北史》卷2"魏太武紀"，頁3下。

(105) 嚴耕望"唐代岷山雪嶺地區交通圖考"，《香港中文大學中國文化研究所學報》2卷1期，1969，香港。抽印本，頁34、35、37。